부르시면, 갑니다

부르시면, 갑니다

류모세

규장

이 책을 대학에 합격한 아들 찬영이와
나의 사랑하는 반쪽인 아내에게 바칩니다.

나를 부르신
하나님만 드러나게 하소서

이스라엘에서의 삶은 결코 호락호락하지 않았다. 다른 사람들은 4,5
년에 한 번씩 하는 안식년도 나는 보내지 못했고 광야와 같은 이스
라엘에 파묻혀서 강산도 변한다는 10년의 세월을 훌쩍 보냈다. 그 시
간 동안 나와 아내, 그리고 찬영이와 현지 두 아이를 가장 힘들게 한
것은 다름 아닌 외로움이었다. 특히 우리가 살던 동네는 한인들이 한
명도 없는 곳이어서 두 아이는 학교에서 유일한 한국인이자 동양인이
기도 했다.

　이스라엘에 간 지 8년 반의 시간이 흐른 2008년 8월, 《열린다 성
경 - 식물 이야기》를 시작으로 7권의 책이 시리즈로 출간되었다. 이때
를 기점으로 하나님은 우리 가정이 살아오던 삶의 방식을 완전히 바
꾸셨다. 일종의 지각변동이랄까! 이제는 외로움을 느낄 틈도 없이 한
국, 미국, 유럽을 정신없이 오가며 말씀을 가르치는 '성경교사'로, 그

리고 마지막 때에 이스라엘의 회복을 알리는 '파수꾼'으로 사용하고 계신다.

《열린다 성경》시리즈는 《역사 드라마로 읽는 성경》시리즈로 이어졌고 이후 《유대인 바로보기》, 《이슬람 바로보기》등 20여 권의 책이 차례로 출간되었다. 그러면서 간증집 출간에 대해 제의를 받기도 했다. 하지만 나는 순간적으로 주저할 수밖에 없었는데, 여기에는 몇 가지 이유가 있었다.

첫째, 간증은 바울처럼 삼층 천에 올라갈 정도로 대단한 영적 체험과 내공이 있는 영적 대가들만의 전유물이라는 고정관념이 내게 있었다. 그래서 대단하지도 않은 나의 인생을 책으로 엮어 감히 세상에 내놓는다는 것 자체가 매우 부담스러웠다.

둘째, 평소 내가 읽는 신앙서적들 중에는 간증류의 책이 항상 우선순위에서 밀려 있었다. 나는 말씀 강해서와 신학서적을 즐겨 읽는 편이었기에 본능적으로 끌리지 않았다. 또 내 마음속 깊은 곳에는 무협지를 많이 읽는다고 싸움을 잘하는 게 아니듯, 간증류의 책을 많이 읽는다고 해서 결코 영적 전투를 잘하는 게 아니라는 생각이 자리 잡고 있었던 듯하다. 영적 전투를 잘하려면 딱딱할지라도 말씀의 칼을 예리하게 갈 수 있도록 도와주는 책을 읽는 게 더욱 효과적이라고 생각했다.

셋째, 간증류의 책이 태생적으로 가질 수밖에 없는 저자 자신의 삶에 대한 미화와 포장의 유혹 때문이다. 우리가 아무리 예수를 믿어도 완전한 의인이 없는데, 아무래도 간증을 쓰다보면 내 삶을 포장하고 미화하려는 유혹을 받을 수밖에 없다는 생각이 들었다. 그러면서 하나님의 은혜와 손길이 드러나는 것이 아니라 어느 순간 자기 자랑과 넋두리로 전락하기 쉬울 듯했다.

그런 주저함을 무릅쓰고 지금 이 순간 이 글을 쓰기 위해 컴퓨터 자판을 두드리게 된 계기가 있다. 규장 여진구 대표님의 권유가 전혀 색달랐기 때문이다. 그 분은 이스라엘 선교사로서 내 진솔한 간증이 한국 교회 성도들에게 이스라엘 회복과 선교의 중요성을 알리는 효과적인 도구가 될 수 있다고 했다.

《열린다 성경》과 《역사 드라마로 읽는 성경》 등 성경공부 관련 서적을 주로 출간하면서 독자들에게 각인된 저자 류모세는 아무래도 선교사보다는 성경교사로서의 이미지가 강했다. 하지만 나는 이 모든 것을 이스라엘 선교사로서의 정체성과 심장을 가지고 했고, 한순간도 그 생각을 놓치지 않았다.

사실 이것은 비하인드 스토리이지만 나의 처녀작인 《열린다 성경》 시리즈에 앞서 가장 먼저 내가 준비했던 원고가 있다. 바로 《유대인 바로보기》이다. 내가 이스라엘 선교사로 결단하게 된 것도 한국에서 한의원을 할 때 환자가 뜸한 시간을 이용해 읽었던 몇 권의 이스라엘 관련 서적이 계기가 되었다. 그 책들을 읽는 동안 하나님은 내 심장에 '이스라엘'이라는 DNA를 수혈하셨고, 이를 통해서 나는 성경에 수없이 반복되는 이스라엘과 관련한 말씀의 신비를 조금씩 깨닫게 되었다.

이스라엘에 온 지 얼마 안 되었을 때, 나는 그때 읽은 책들을 참고문헌으로 해서 감추어진 선교지, 하지만 예수 그리스도의 재림(再臨) 직전에 반드시 회복되어야 할 선교지인 이스라엘을 알리는 책을 쓰기 시작했다. 하지만 막상 이 원고를 출판사에 넘길 엄두를 내지 못하고 있었다. 이스라엘에 있는 어느 무명의 선교사가 쓴 원고를 책으로 내겠다고 나설 출판사가 과연 있을지 의구심이 생겼기 때문이었다.

하지만 《열린다 성경》 시리즈가 알려지면서 《유대인 바로보기》 원고를 주저 없이 넘겼다. 그리고 이때 《이슬람 바로보기》도 함께 보냈다. 마지막 때까지 남겨진 '이스라엘 선교'라는 과제는, 마치 바늘과 실처럼 이스라엘의 주변을 둘러싼 '이슬람 선교'와 함께 풀어야 한다는 확신이 있었기 때문이다. 그럼에도 이 두 권의 책은 이스라엘과 중동 지역 선교에 대한 역사적인 접근을 시도한 책이라서 아무래도 독자층이 제한될 수밖에 없었다.

나는 책을 쓰면서 독자들로부터 적지 않은 메일을 받는다. 개중에 간혹 이런 내용의 메일이 있다.

"선교사님이 쓴 책을 전부 읽었는데 그중에서 가장 감동적인 책은 바로 《유대인 바로보기》였어요."

나는 이런 메일을 받을 때마다 저자와 공감하고 함께 호흡하는 독자를 만난 것 같아 이루 말할 수 없는 기쁨을 느꼈다. 더 극적으로 표현하자면, 저자와 독자의 영혼이 하나로 합체된 느낌이랄까!

이스라엘 선교사이지만 오히려 성경교사로 더 알려지면서 나는 늘 이스라엘에 빚진 마음이 있었다. 이런 나에게 누구나 쉽게 읽을 수 있는 간증집을 통해 이스라엘의 회복을 알리는 글을 써보라는 제안은 이스라엘 선교사로서 나의 정체성을 자극했고 심장을 뛰게 했다.

그 후부터 이런 기도를 하기 시작했다.

주여, 이 책을 통해 진흙 같은 저를 택하셔서 이 시대를 섬기는 성경 교사요 이스라엘의 회복을 알리는 파수꾼으로 빚으시는 토기장이 되신 하나님의 손길만이 드러나게 하소서.

주여, 이 책을 통해 자기 자랑과 넋두리가 아니라 약한 자를 강하게, 그리고 가난한 자를 부(富)하게 하시는 하나님의 권능만이 드러나게 하소서.

주여, 무엇보다 이 책이 마지막 때를 살아가는 이 시대의 성도들에게 감추어진, 하지만 반드시 회복되어야 할 선교지인 이스라엘을 알리는 효과적인 도구가 되게 하소서.

류모세

| CONTENTS |

프롤로그

1 PART 하나님의 첫 번째 부르심

광야 이스라엘의 삶 • 16 | 첫 번째 예수 돌연변이 • 20 | 유치장에서의 백기 투항 • 24 | 예수님과의 뜨거운 첫 만남 • 30 | 나의 신앙고백 • 33 | 혹독한 훈련, 결단의 시간 • 37 | 아버지를 버리다 • 42

2 PART 알을 깨고 나오다

남느냐? 떠나느냐? • 48 | 또 한 차례 구원의 확신을 얻다 • 52 | 다시 시작하는 도전 • 56 | 만남의 주선자 되신 하나님 • 59 | 이스라엘 선교로 부르시다 • 63 | 전문인 선교사로 가라 • 67

3 PART 선교지 이스라엘을 만나다

7일 전쟁 • 72 | 성령세례를 받고자 하는 소원 • 79 | 복음의 땅끝 • 86 | 한의사로 다가가다 • 89 | 이스라엘에 온 이유? • 93 | 복음을 전할 절호의 기회 • 97 | 유대인에게 용서를 구하다 • 101 | 조심스럽게 열린 전도의 문 • 104

PART 이스라엘 광야를 통과하다

다시 학생으로 돌아가다 • 112 ㅣ 자신 있던 공부를 통한 낮추심 • 117 ㅣ 성경에 대한 논쟁을 벌이다 • 121 ㅣ 치유자 되시는 하나님 • 126 ㅣ 유대인들을 얻기 위한 전도 전략 • 129 ㅣ 재정 위기가 불러온 가정의 위기 • 137 ㅣ 하나님의 뜻은 뭔가요? • 142

 PART 내게 임한 하나님의 부흥

지금 나의 믿음의 현주소? • 148 ㅣ 긴박한 부흥의 필요성 • 151 ㅣ 마지막 대부흥의 역사와 성취 • 155 ㅣ 이스라엘의 회복을 위해 기도하라 • 159 ㅣ 새벽마다 부흥회 • 163 ㅣ 성령으로 배부른 금식 • 168 ㅣ 하나님의 영광을 보여주소서 • 171

 PART 이스라엘 회복을 위한 문서사역

생활비 수준의 연구비 지원 • 180 ㅣ 사상의학을 가르치다 • 186 ㅣ 유대인 교회사역을 돕다 • 190 ㅣ 문서사역의 첫발 • 194 ㅣ 문서사역 세일즈를 하다 • 199 ㅣ '열린다 성경'의 탄생 • 203 ㅣ 현장 바이블 스터디 투어를 기획하다 • 207 ㅣ 여호와 이레의 하나님 • 211

 PART 더 높은 부르심으로 나아가다

청천벽력 같은 암 판정 • 216 ㅣ 죽으면 죽으리라! • 221 ㅣ 새로운 회복과 연합을 위한 시간 • 226 ㅣ 놀랍게 열어주신 말씀사역 • 229 ㅣ 오직 하나님의 영광을 위한 길 • 235

광야 이스라엘의 삶

첫 번째 예수 돌연변이

유치장에서의 백기 투항

예수님과의 뜨거운 첫 만남

나의 신앙고백

혹독한 훈련, 결단의 시간

아버지를 버리다

하나님의 첫 번째
부르심

광야
이스라엘의 삶

1년에 6만 명가량의 한국 성도들이 성지순례로 다녀가는 곳, 이스라엘. 2000년 2월 26일, 나는 이곳에 첫발을 내디뎠다. 4살짜리 아들 찬영이와 10개월 된 딸 현지, 그리고 사랑하는 아내와 함께였다.

우리는 이스라엘에서 11년을 살면서 이곳을 제2의 고국처럼 여겼다. 특히나 현지는 너무 어릴 적에 와서 이스라엘에서의 삶이 인생의 전부였고, 찬영이는 자신을 유대인이라고 생각할 정도였다. 그러다보니 아이들에게 한국 사람으로서의 정체성을 가르치는 것은 쉽지 않았다. 하지만 처음 이곳에 왔을 때 핏덩이였던 현지도 어느새 유치원을 거쳐 초등학교에 입학했고, 시간이 흐르면서 우리의 삶과 내공도 점점 깊어져갔다.

한번은 한국에서 가깝게 지냈던 집사님이 이스라엘에 성지순례를 오셨는데, 그 분은 우리 가정을 무척 부러워하면서 이렇게 말했다.

"예수님의 흔적이 살아 숨 쉬는 이스라엘에서 사시니 정말 부러워요!"

성지순례를 통해 한참 은혜를 받아서인지 집사님은 이스라엘, 그것도 예루살렘의 공기를 마시며 살아가는 것만으로도 정말 큰 축복이요 은혜라 여기신 것 같았다.

나는 약간은 들떠서 말씀하시는 집사님에게 이렇게 대답했다.

"성지로서 이스라엘이 주는 감동은 딱 일주일뿐입니다. 그 뒤로는 광야에서의 치열한 생존이 기다리고 있지요."

정말이지 이스라엘에서의 삶은 치열했다. 우리 가정이 이스라엘에 도착한 지 불과 6개월밖에 되지 않았을 때였다. 팔레스타인과 이스라엘의 무력 충돌이 일어났다. 동예루살렘을 수도로 독립 국가를 세우려는 팔레스타인 측과 이를 저지하려는 이스라엘의 힘겨루기인 인티파다(Intifada, 팔레스타인 민중 봉기)가 시작된 것이다. 이 기간을 1987년 가자(Gaza)에서 일어난 제1차 인티파다에 이어서 제2차 인티파다라고 부른다.

시내버스가 폭파되고, 예루살렘 시내의 유명한 커피숍과 피자 가게 등 사람들이 제법 모일 만한 곳을 타깃으로 한 무차별 자살폭탄테러가 일어나면서 상황은 급격히 악화되었다. 그야말로 집 말고는 안전한 곳이 없었다. 심지어 히브리대학교의 구내식당에서도 테러가 일어나 한국인 유학생 3명을 포함해 많은 사람들이 다치기도 했다.

한국에 있을 때는 언론의 해외토픽 란에나 나올 법한 사건들이, 이스라엘에서는 한 주가 멀다 하고 눈앞에서 펼쳐졌다. 이런 현실에 우리는 무척 당혹스러웠다. 바로 전날에 아내와 함께 장을 보러 간 동네 슈퍼마켓에서도 폭탄테러가 일어났다. 10년 넘게 슈퍼마켓 앞 공터에서 나물 장사를 하던 아랍 할머니가 온몸에 폭탄을 감고 사람들이 모여 있는 계산대로 돌진한 것이다. 알고 보니 이스라엘 군인들의 베들레헴 진격 작전 중 희생된 아들의 복수를 감행한 것이었다. 안타까운 마음도 잠시, 우리는 가슴을 쓸어내리며 깊은 한숨을 내쉬어야 했다.

자살폭탄테러는 그 후로도 5년간이나 이스라엘 - 팔레스타인 갈등의 핵심인 예루살렘에 집중되었다. 한번은 아이들과 아침 식사를 하고 있을 때였다. 어디에선가 펑 하는 소리가 들리더니 창틀이 심하게 흔들렸다. 지진이 난 줄 알았다. 그러나 이번에도 집 근처 버스정류장에서 일어난 자살폭탄테러였다. 초등학교 등교 시간에 일어난 일이라 정류장 근처에는 형체를 알아볼 수 없는 아이들의 시체와 책가방과 학용품들이 사방에 널브러져 있었다. 너무 끔찍하고 참혹했다. 지옥이 아마 이런 모습이 아닐까….

또 한번은 테러 현장에서 꽤 멀리 떨어진 곳인데도 불구하고 별다른 외상도 없는 사체가 발견된 적이 있었다. 부검 결과 마치 총알을 맞은 것처럼 심장에 나사못이 박혀 즉사한 것이었다. 테러범은 자신의 죽음을 통해서 살상 효과를 극대화하기 위해 온몸에 폭탄과 함께 볼트, 너트, 나사못 등을 칭칭 감은 후 폭파시켜, 테러 현장에서 꽤 떨어진 곳을 걸어가던 사람을 희생자로 만들었다.

이렇듯 이스라엘에는 늘 테러의 위험이 있다. 그래서 테러가 발생했다는 뉴스 속보가 뜨면 약 30분 정도 핸드폰이 불통되는 경우가 허다하다. 뉴스를 본 유대인들이 가족의 안전을 확인하기 위해 핸드폰을 동시다발로 사용하기 때문이다. 언제나 위험에 처해 있기 때문에 한가롭게 드라마를 볼 여유도 없다. 이집트, 요르단, 이란 등 중동 지역을 강타한 한류 열풍이 이곳 이스라엘에서만은 유일하게 불지 않은 것도 이런 이유 때문이다.

드라마보다는 뉴스에 주목하고, 매시간 단위가 아니라 30분마다 뉴스가 방송되는 곳, 언제 터질지 모르는 테러 관련 속보가 수시로 발송되는 곳이 바로 이스라엘이다.

첫 번째
예수 돌연변이

나는 예수쟁이가 도저히 나올 수 없는 집 안에서 태어나 가족들 중 처음으로 예수를 믿은 완전 돌연변이다. 내가 처음 교회의 문턱을 넘어선 것은 중학교 1학년 때였다. 당시 친구들은 버스를 두 번이나 갈아타면서 나를 여의도에 있는 순복음교회에 데려갔다.

그때 처음으로 접한 교회는 참으로 따스했고 목사님의 말씀도 너무 좋았다. 그래서 그다음 주에는 혼자 교회에 가기 위해 집을 나섰다. 그런데 이것을 어떻게 아셨는지 아버지가 갑자기 내 앞을 가로막았다.

"교회 아니면 학교, 둘 중에 하나만 선택해라."

정말 청천벽력과 같았다. 요컨대 계속 교회에 다닐 거면 학교에 안 보내겠다고 엄포를 놓으신 것이기 때문이다. 결국 나는 아버지의 상상을 초월한 반대에 부딪쳐 교회와의 인연을 끊을 수밖에 없었다.

나는 나중에 어머니로부터 아버지가 교회에 다니는 것을 반대하신 이유에 대해 들었다. 할머니는 자식을 여럿 낳았지만 그때마다 돌이 되기도 전에 모두 죽고 말았다고 한다. 그래서 할머니는 아버지를 낳자마자 절에 바쳤고 다행히 아버지는 돌을 잘 넘기고 건강하게 자라났다. 할머니는 아버지가 어릴 때 돌아가셨는데, 그동안 부처님과 무당의 공덕으로 살았으니 "집안에 절대 예수 귀신을 들이지 말라"는 유언을 남기셨다.

그래서 내가 대학교에 입학하기 전까지 교회에 출석한 것은 고작 중학교 때 딱 한 번뿐이었다. 이것이 내가 경험한 신앙생활의 전부였다. 뭐, 거창하게 '신앙생활'이라고 할 것도 없지만 말이다.

누나와 여동생 사이에서 외아들로 태어난 나는 어린 시절 대부분을 주로 여자들 틈에 끼어서 공기놀이나 고무줄놀이를 하고 놀았다. 또 중고등학교 때는 사춘기 때 흔히 해본다는 반항이나 탈선도 없이 집과 학교, 독서실 사이를 오가며 비교적 순탄하게 보냈다.

내 삶에 하나님이 본격적으로 개입하신 것은 1987년 경희대학교 한의예과에 입학하면서부터다. 신입생 오리엔테이션 때 나는 한 재미난 설문 조사에 응하게 되었다. 나중에 알고 보니 이 설문 조사는 학생회와는 전혀 무관하게 대학생성경읽기선교회(UBF, University Bible Fellowship)라는 대학 내 선교 단체에서 주관한 것이었다. 질문에는 대략 6개의 문항이 있었는데, 그중에 마지막 질문은 지금도 또렷하게 기억이 난다.

"성경을 공부하는 좋은 모임이 있다면 공부해볼 의향이 있습니까?"

이 질문에 대한 보기는 "예", "아니요", "글쎄요" 이 세 가지였다. 만약 그때 내가 "아니요"나 "글쎄요"에 체크했다면, 내 인생은 전혀 다른 방향으로 흘렀을 것이다. 그러나 나는 이 세 가지 중에서 확신 있게 "예"에 동그라미를 쳤다. 아마 그 당시 한참 뜨겁게 신앙생활을 하시던 이모의 영향이 컸던 것 같다. 그때 이모는 대학 합격을 축하해주면서 대학교에 가면 꼭 성경을 공부해보라고 간곡히 권유했기 때문이다. 이 일을 계기로 나는 학교에 입학도 하기 전에 UBF에서 창세기 말씀으로 일대일 성경공부를 했다.

하지만 입학식과 함께 시작된 대학생활은 그동안 학교와 집, 그리고 독서실만 오가면서 보낸 학창 시절과는 전혀 달랐다. 나는 본초학회, 클래식 기타반 등 6개의 동아리 활동을 하며 정신없이 보냈다.

본과 선배들은 "노세, 노세, 예과 때 노세, 본과 되면 못 노나니…"라는 예과생 주제가를 알려주며 예과 2년 동안 후회 없이 실컷 놀라고 조언까지 해주었다.

어느덧 나는 외박이 자연스러울 정도로 술에 찌들어 여관방에서 아침을 맞는 날이 많아졌다. 말 그대로 대학생활을 즐겼다. F학점 시 유급 처리되는 두 개의 전공과목(한의학개론과 맹자)을 제외한 나머지 교양과목은 대부분 대리 출석을 맡긴 채 동아리 친구들과 어울려 다녔다. 주말이면 어느 여자대학교 약학과 학생들과 함께 조인트로 약초 채집을 떠났고, 축제 때는 카페를 빌려 클래식기타 연주회를 갖기도 했다.

이렇게 정신없이 노는 와중에도 창세기 성경공부를 꾸역꾸역 해나갔다. 이것은 내가 특별히 말씀에 대한 소원이 남달라서라기보다는 순전히 나를 맡아 성경을 가르친 선배의 끈질김 때문이었다. 졸업 후 브라질 선교사로 간 이 선배는 UBF에서도 가장 끈질긴, 즉 웬만해서는 떨어지지 않는다는 '찰거머리'라는 별명으로도 유명했다. 지금 생각해보면 복음에 대한 그 선배의 열정은 엘리야처럼 특별했던 것 같다. 그런 그와의 성경공부와 교제가 내게는 하나님의 은혜였다.

유치장에서의
백기 투항

정신없이 대학생활을 즐기기만 하던 내게 하나님은 놀라운 전환점을 허락하셨다. 그것은 1987년 여름, 전국 대학가를 들끓게 한 질풍노도와 같은 데모의 열기를 통해 찾아왔다. 당시 대학가는 전두환 대통령이 수차례 약속했던 대통령 직선제(직접 선거제도) 개헌을 파기하면서 4.19 의거 이후 가장 뜨겁게 달아올랐다. 우리나라 민주화 운동 역사에서 '6월 민주 항쟁'으로 불리는 사건이 벌어진 것이다. 의식 있는 학생들은 저마다 "호헌 철폐, 독재 타도"를 외치며 시청 앞 광장으로 모여들었다.

나 또한 별로 내키지 않아 하는 친구를 간신히 설득해 역사의 현장인 시청으로 향했다. 시청 앞에는 이미 구름 떼처럼 모인 데모 행렬로 발 디딜 틈도 없었다. 나는 후끈 달아오른 열기를 느끼며 가까운 곳에 있는 공중전화 박스부터 찾았다. 아무래도 귀가 시간이 늦을 것 같았기 때문이다. 물론 부모님께는 데모 현장에 있다고 말하지 않고 적당히 핑계를 둘러댔다.

그런데 통화를 마치고 공중전화 박스에서 나오자마자 사건은 일어났다. 나와 친구는 보기 좋게 전경들에게 붙잡혔고, 어느새 이른바 닭장차(전경버스)에 실려 유치장으로 넘겨졌다. 이 모든 일이 그야말로 전광석화처럼 이루어졌다. 우리가 잡혀온 종로 경찰서 유치장에는 60명의 대학생들로 가득했고, 삼엄한 분위기 속에서 차례대로 조사를 받았다. 난생처음 경험하는 유치장이었지만, 나는 왠지 내가 '민주 투사'라도 되는 양 흥분하고 들떠 있었다.

하지만 이런 기분도 단 하루뿐이었다. 밤샘 조사를 통해 단순 가담자로 분류된 52명의 학생들은 훈방 조치되었고 8명만이 주동자로 분류되었는데, 정말 어이없게도 나와 내 친구가 8명의 주동자에 포함된 것이다. 사실 나는 데모 현장에서 화염병은커녕 돌멩이 한 번 던져본 적이 없었다. 그런 내가 졸지에 데모의 주동자가 되어버렸다. 마지못해 시청까지 따라온 친구 역시 '주동자의 친구'(?)라는 어처구니없는 이유로 함께 주동자로 분류되었다.

어떻게 난생처음 데모 현장에 간 내가 데모 주동자로 몰리게 된 것일까? 유치장에 잡혀간 날 밤샘 조사가 이루어졌을 때였다. 나는 나를 심문하는 형사님에게 민주 투사처럼 탁자를 쳐가며 매우 흥분된 어조로 따져 물었다.

"형사님은 이 시국에 대해 어떻게 생각하십니까?"

아무리 데모를 주동했던 자라 해도 붙잡혀오게 되면 고분고분해질 수밖에 없다. 그런데 나는 데모 한 번 해보지 않은 풋내기인지라 전혀 상황 파악을 하지 못하고 흥분해버리고 만 것이다.

주동자로 분류된 8명은 마치 영화에 나오는 것처럼 이상한 번호가 적힌 번호판을 들고 사진까지 찍히게 되었다. 기분이 묘한 순간이었다. 한 형사가 훈방된 학생들은 별 탈이 없지만 주동자로 분류된 우리는 최소 2주 이상 구류에 처해질 것이고, 그것은 곧 전과 기록으로 남는다며 협박을 했다. 순간 나는 갑자기 눈앞이 캄캄해지고 머릿속이 하얘졌다.

대부분 훈방 조치되어 나가고 주동자로 분류된 소수만이 남겨진 유치장은 그나마 자유롭던 전날과 분위기가 사뭇 달랐다. 우리는 기합이 잔뜩 들어간 자세로 무릎을 꿇고 고개를 푹 숙인 채 밤을 지새워야 했다. 그렇게 유치장에서의 칠흑 같은 두 번째 밤이 지나가고 있었다.

민주 투사라도 된 것처럼 뿌듯했던 첫째 날의 감정은 온데간데없이 사라졌다. 이러다가 국가고시도 못 보고 한의사로서 내 인생길이 전부 다 막혀버리는 것은 아닌가 하는 주체할 수 없는 두려움이 나를 짓눌렀다. 나는 이내 유치장이 떠나갈 정도로 대성통곡을 했다.

"엄마! 엄마!!"

태어나서 엄마를 그토록 목청껏 불러본 것은 어릴 때 길음시장에서 엄마를 잃어버렸을 때를 빼곤 처음이었던 것 같다. 그렇게 목 놓아 울기라도 해야 나를 짓누르는 두려움이 사라질 것 같았다. 내가 하도 서글프게 우니까 그 모습이 안쓰러웠는지, 형사님 몇 명이 별일 없을 거라며 자신들의 아들뻘밖에 되지 않는 나를 안심시켜주었다.

두렵고 두려웠다. 극심한 두려움이 몰려와 몸서리가 쳐졌다. 그때 불현듯 떠오르는 분이 계셨다. 비록 막연하고 희미했지만 매주 일대일 성경공부를 통해 들었던 분, '하나님'이 생각났다. 나는 본능적으로 하나님께 매달리는 것밖에는 달리 방법이 없다고 느꼈다. 그래서 그날 나는 난생처음 전인격에서 우러나오는 간절한 기도를 드렸다.

"하나님, 저를 이 유치장에서 빨간 줄(전과 기록) 없이 나올 수 있게 꺼내주시면 7월에 있는 4박 5일 여름수련회에 꼭, 정말로 꼭 참석하겠습니다. 그리고 하나님을 정말 진지하게 찾아보도록 하겠습니다."

얼마나 절실했던지, 지금도 이 기도가 내 기억 속에 확실히 자리 잡고 있다.

당시 나는 찰거머리 선배의 은근과 끈기로 매주 성경공부를 했지만, 여름수련회만큼은 절대 가지 않겠다고 마음을 굳히고 있었다. 특히 성경학교에서 선배들의 신앙 간증을 몇 차례 들은 적이 있는데, 그때마다 그들은 여름수련회에서 하나님을 만나는 기적적인 체험을 했다고 간증했다. 그렇지만 나는 참석만 하면 전부 다 뒤집어진다는 그 무시무시한 여름수련회가 두렵기만 했고, 아직은 그런 은혜를 받을 만한 준비도 전혀 되어 있지 않았다.

그때까지 나의 대학생활은 너무나 행복하고 재미있었다. 뿐만 아니라 앞으로도 누려야 할 낭만이 무궁무진하게 남아 있었다. 나는 1학년 때부터 하나님께 붙잡혀서 성경책만 끼고 사는 UBF 선배들처럼 될까 봐 두려웠다. 그래서 성경공부를 할 때도 늘 '너무 깊이 빠지지 말아야 한다'라고 스스로 주문을 걸며 심리적인 방어벽을 쳤다.

하지만 유치장에 갇혀 코너에 몰린 나는 하나님께 백기 투항을 했다. 급기야 응답이 가장 빠르고 확실하다는 서원기도를 드리고 만 것이다. 당시 내 심정은 마치 얍복 강에서 하나님의 사자를 붙잡고 씨름하는 야곱과도 같았다. 때문에 처음 해보는 기도치고는 내가 생각해도 꽤 진지하고 솔직한 기도를 드렸던 것 같다. 하나님께 기도하자 내 안에 자리 잡고 있던 두려움이 조금씩 사라졌다. 그리고 왠지 모를 평강이 찾아왔다.

그리고 나서 30여 분이 흘렀을까? 유치장 밖으로 낯익은 두 얼굴이 보였다. 한 분은 아버지였고, 다른 한 분은 예과 1학년 주임교수이신 홍무창 교수님이었다. 내 눈에는 마치 그 두 분이 하나님이 보내주신 천사처럼 보였다. 두 분은 나를 심문하던 형사와 이야기하기 위해 어떤 방으로 들어갔고, 조금 뒤에 나는 유치장 밖으로 나올 수 있었다. 나중에 아버지께 듣기로는, 교수님이 내가 데모하는 학생이 아니라는 보증을 서시고 앞으로 절대 데모를 하지 않도록 잘 지도하겠다는 각서를 쓰셨다고 한다.

그렇게 나는 다시는 기억하고 싶지 않은 유치장을 뒤로한 채 아버지와 교수님을 따라나섰다. 우리는 근처에 있는 제과점을 찾았다. 그곳에서 빵과 우유를 마시는 내내 나의 두 눈에서는 연신 닭똥 같은 눈물이 주르르 흘러내렸다. 그 눈물에는 난생처음 드린 기도에 하나님이 응답하셨다는 신비함, 그리고 두려움과 불안이 떠나간 다음 찾아온 깊은 안도감이 뒤범벅되어 있었다.

예수님과의
뜨거운 첫 만남

짧지만 굵었던 유치장에서의 경험이 있은 후, 나는 특별히 준비된 심령을 가지고 4박 5일간의 여름수련회에 참석했다. 첫날부터 선배들의 힘 있는 말씀 강의와 너무도 적나라하고 진실된 간증들이 폭포수처럼 쏟아졌다. 여름수련회는 그야말로 은혜 받기를 완강히 거부하는 고집불통이 아니라면 누구나 하나님을 만나고 경험할 수 있는 천국 잔치였다.

하루 이틀이 지나고 셋째 날 아침을 맞이했다. 마침내 여름수련회 말씀 중 하이라이트라고 할 수 있는 '십자가에 못 박히신 예수님' 말씀이 선포되었다. 나는 하나님의 은혜와 사랑에 붙잡혀 완전히 그분의 포로가 되고 말았다. 내 죄를 대신해 십자가에서 물과 피를 다 흘리신 예수님의 절규의 음성을 들었고, 그 순간 나를 묶고 있던 죄의 사슬이 끊어지는 해방감을 맛보았다. 창자가 끊어질 듯한 통곡과 함께 예수님을 뜨겁게 영접했다. 불과 한 달 전에 유치장 한쪽 구석에서 불안과 두려움으로 통곡했던 내가, 이제는 예수님을 만난 환희와 기쁨 가운데 통곡하게 된 것이다.

마지막 날인 넷째 날 저녁에는 선교 단체의 성격상 '세계 선교의 밤'이라는 주제로 말씀이 선포되었다. 특별히 수련회를 위해 일시 귀국한 선교사님들이 말씀을 선포하셨다. 그리고 곧이어 선교지를 정하고 결단하는 헌신의 시간이 이어졌다. 수련회 참석자들 전원에게 작은 크기의 세계 지도가 나뉘어졌다. 물론 나도 예외가 아니었다.

갑자기 선교지를 정하라는 무언의 압력에, 나는 난처한 듯 머리를 긁적이다가 이렇게 대꾸했다.

"저도요? 저는 어저께 예수님을 만났는데요?!"

그러자 일대일로 성경을 가르쳐주던 선배가 이렇게 제안해왔다.

"요즘 한의대생들이 대부분 중국을 놓고 기도하는데, 중국을 선교지로 정하는 건 어떨까?"

솔직히 그 시간이 되면 감히 어느 누구도 "노"(NO)라고 말할 수 없었을 터였다. 그렇게 나는 예수님을 만난 지 하루 만에 선교사로 결단하게 되었다. 이후 나는 본과 2학년을 마치고 군 입대 문제로 휴학을 했고, 중국 선교사 준비를 위해 종로의 한 외국어 학원에서 1년간 중국어 레슨을 받았다. 지금은 많이 잊어버렸지만, 당시 매일 중국어를 배워 중국어 프리토킹이 가능할 정도였다.

여름수련회를 마치고 시작된 1학년 2학기 대학생활은 1학기와는 모든 것이 달라졌다. 개과천선(改過遷善), 경천동지(驚天動地), 천지개벽(天地開闢)이라는 말로 표현하면 될까? 사실 그 어떤 말이 그때 나의 총체적인 변화를 설명할 수 있을지 잘 모르겠다.

아무튼 나는 UBF 이외의 다른 모든 세상적인 동아리를 과감히 정리했고, 오직 성경을 배우고 가르치는 일에만 올인(All in) 했다. 또 예과 2학년에 올라가기 전 겨울방학 동안에는 선교 단체 근처에서 합숙을 하며 창세기 성경교사로 훈련받는 '창세기 특공대' 훈련을 받았다. 이로 인해 훈련을 마칠 즈음에는 어느덧 새로 입학하는 후배들에게 일대일로 창세기를 가르칠 수 있는 수준이 되었다. 한동안 푹 빠져 있던 클래식 기타도 과감히 끊고 그 대신에 첼로를 배우며 주일예배 반주와 여름수련회 때 특별 연주회로 섬기기도 했다.

나의
신앙고백

예수님을 영접하고 선교 단체에서 바쁘게 시간을 보내면서도 나는 반드시 풀어야 할 숙제 하나를 차일피일 미루고 있었다. 그것은 아버지께 예수님을 믿게 된 사실을 알리는 것이었다. 언제 부딪쳐도 부딪쳐야 될 일이었지만, 아버지가 어떤 반응을 보일지 뻔했기 때문에 나는 이야기를 꺼내기가 무척이나 두려웠다. 그래서 나는 기도하는 중에 디데이(D-Day)를 이듬해 구정으로 잡았다.

매번 명절이 되면 아버지는 외아들인 내게 지방(紙榜)을 쓰게 하셨다. 디데이로 잡은 그날도 그랬다. 이때 나는 다른 한자는 다 써도 양쪽에 쓰는 귀신 '신'(神) 자 자리는 공백으로 남긴 채 아버지께 종이를 넘겨드렸다. 이를 이상히 여기신 아버지가 대뜸 이유를 물으셨다.

그때 나는 천천히, 하지만 또박또박 그 이유를 말했다.

"아버지, 제가 몇 달 전부터 예수님을 믿게 됐습니다."

아버지는 황당하기도 하고 화가 나기도 한 듯했다. 그러나 제사를 드려야 하는 상황이라 당장에는 별다른 말씀을 하지 않으셨다. 내가 일부러 구정을 디데이로 잡은 것도 다혈질이신 아버지에게 잠시나마 숨을 고르고 생각할 시간을 드리기 위해서였다. 내심 어느 정도 내 작전이 들어맞았다고 생각했다.

그런데 결국 올 것이 오고야 말았다. 아버지는 평소보다 일찍 차례상을 물리시더니 삼남매를 모두 불러다가 무릎을 꿇리셨다. 그리고 겨우 화를 억누르는 듯 떨리는 목소리로 물으셨다.

"너희들, 공부 왜 하는 거야? 도대체 공부 왜 하는 거야?"

대학생이 되기까지 이제껏 가르치고 키워냈는데, 자식들이 제멋대로 행동하니 도저히 봐줄 수 없다는 의미가 담긴 질문이었다. 언성은 점점 높아졌고, 우리는 차례로 답을 할 수밖에 없었다. 누나는 "훌륭한 사람이 되기 위해 공부한다"라는 조금은 상투적인 대답을 했다.

그다음은 내가 대답해야 할 순서였다.

한참을 궁리하다가 마침내 창세기 성경공부를 통해 배운 그대로 대답했다.

"아버지, 공부는 하나님의 영광을 위해서 하는 겁니다."

아무도 예상하지 못한 대답이었다. 그로 인해 여동생에게는 대답할 순서가 돌아가지 않았다. 역시나 아버지는 노발대발하셨고, 결국 나는 그날로 집에서 쫓겨났다.

한 선배의 집에서 며칠을 지내다가 아버지의 노기(怒氣)가 어느 정도 가라앉을 시점이 되었을 때, 나는 모른 체하며 슬쩍 집으로 들어왔다. 그리고 아버지 앞에서 내가 만난 예수님과 그 후 내 삶에 일어난 변화들에 대해 차분히 간증했다. 그중에는 아버지도 확실히 인정하실 만한 것이 있었다. 그것은 음주로 외박을 밥 먹듯 하던 1학기와 다르게 2학기에는 예전처럼 착실한 아들로 돌아왔다는 사실이었다.

물론 '공부는 하나님의 영광을 위해서 하는 것'이라는 대답 역시 예수님을 만난 후 변화된 나의 실제적인 삶의 고백이었다. 오직 대학 입학이라는 한 가지 목표를 위해 공부하던 중고등학교 시절과 달리 나에게 한의대 예과 2년의 시간은 공부에 대한 푯대를 놓치기 쉬운 시기임이 분명했다. 그렇다. 나도 1학기 때 아무런 목적 없이 보내면서 평점 2.9라는 낮은 학점을 받았다. 그러나 하나님을 만나면서 공부의 목적을 확실히 깨닫게 되었고, 2학기 말에는 평점 4.2를 받는 고공행진을 하게 되었다.

예수님을 만난 뒤로 나는 매 학기 성적 우수자로 장학금을 받게 되었는데, 이것은 예수님을 믿지 않는 아버지도 인정할 수밖에 없는 확실한 변화였다. 결국 아버지는 나의 신앙생활을 인정해주셨다. 그러나 한 가지 당부만은 잊지 않으셨다.

"공부에 방해되지 않게, 너무 깊이 빠지지 말고 신앙생활 해라."

아버지와의 홍역을 잘 치르고 나자 나는 마음이 한결 가벼워졌다. 그러나 아버지가 당부한 두 가지 중 신앙생활에 너무 깊이 빠지지 말라는 말씀은 애초에 지킬 수 없는 것이었다. 선교 단체에서의 신앙생활은 교회와 달리 오직 '말씀' 그리고 '선교'에 집중되었기 때문이다.

그 후 나는 군 복무 기간을 포함한 8년의 시간을 선교 단체에서 신앙생활 하는 동안, 매년 한 차례씩 집에서 쫓겨나기를 연례행사처럼 반복하게 되었다.

혹독한 훈련,
결단의 시간

군대생활도 방위, 현역, 해병대, 사관학교 등 다양한 버전이 있듯이 신앙생활도 비슷한 것 같다. 내가 소속된 UBF에서의 신앙생활은 해병대나 사관학교처럼 혹독한 훈련의 연속이었다.

그중 대표적인 훈련 몇 가지를 소개하면 다음과 같다.

첫째, 일대일 훈련이다. 매주 성경을 공부하고, 공부한 말씀을 가지고 믿지 않는 후배들을 찾아가 일대일로 성경을 가르친다. 주일에배 후에는 그 주에 가르친 일대일 횟수를 보고한다. 이때 보고서에 웬만해서는 '0'이라고 써서는 안 된다. 간혹 신입생들은 성경공부 약속을 펑크 내고 나타나지 않는 경우가 있다. 만약 그 주에 한 명도 일대일을 못했다면 주일 예배 직전에 인형이나 베개라도 세워놓고 한 시간 정도 성경을 가르친 후 '1'이라고 써야 한다.

둘째, 소감 발표 훈련이다. 이것은 매주 공부한 말씀을 가지고 한 주간 동안 어떻게 삶에 적용하며 살았는지 글로 써서 그다음 주에 그룹별로 발표하는 것이다. 소감은 대개 A4 용지 세 장에서 다섯 장 정도로 써야 했다. 소감의 절반은 배운 말씀을 가지고 자신만의 설교문을 쓰는 것이고, 나머지 절반은 배운 말씀을 기초로 한 주간의 삶에 어떻게 적용했는지 육하원칙에 맞게 구체적으로 쓰는 것이다.

셋째, 큐티 훈련이다. 이것은 UBF에서 만든 자체적인 큐티 교재 〈일용할 양식〉을 가지고, 별도의 큐티 노트에 그날의 큐티를 한 페이지 정도 적으며 묵상하는 것이다. 큐티 내용은 일주일에 한 번 그룹별로 발표하고, 한 주간의 큐티 횟수 또한 주일예배 후 별도의 보고서에 기록한다.

내가 UBF에서 받았던 혹독한 말씀 훈련과 소감 훈련은 훗날 교회에서 성경을 가르치고 《열린다 성경》 시리즈를 비롯해 성경과 관련된 20여 권의 책들을 집필하는 데 소중한 밑거름이 되었다. 특히 매주 발표했던 수년간의 소감 훈련으로 글쓰기에 숙달된 것이 큰 도움이 되었다.

대학생활은 군 복무 기간과 더불어서 약사법 파동으로 인한 국가

고시 거부 투쟁으로 8년간이나 이어졌다. 그동안 나는 대부분의 시간을 집을 떠나 선교 단체 선후배들과 합숙을 하며 지내면서 선교 단체에서 살다시피 했다. 어찌 본다면 내게 정상적인(?) 대학생활은 1학년 1학기, 6개월의 시간뿐이었던 것 같다.

나는 첫 여름수련회에서 예수님을 뜨겁게 영접한 뒤로 세상과는 완전히 담을 쌓았고, 모든 시간을 UBF의 슬로건인 '대학생 복음화'와 '세계 선교'에 쏟으며 헌신된 삶을 살았다. 하도 별나게 신앙생활을 한다고 해서 학교 내에서도 UBF는 'UFO'라는 우스꽝스런 별명으로 더 유명할 정도였으니, 내 삶도 익히 짐작되리라.

다른 선교 단체들은 주로 대학생활 동안만 헌신하고 졸업 후에는 저마다 각자 지역 교회로 흩어지지만, UBF는 평생을 그곳에서 헌신한다. 그래서 나는 졸업을 앞두고 진로에 대해 진지하게 고민했다.

'한의사를 하면서 평신도 사역자로 섬길 것인가, 아니면 모든 것을 내려놓고 풀타임 사역자로 섬길 것인가?'

나는 선교 단체에서 받은 훈련과 가르침이 정말 좋았다. 특히 대학생 복음화와 세계 선교야말로 한 번뿐인 인생에서 추구해볼 만한 최고의 가치요 헌신이라 확신했다. 하지만 풀타임 사역자의 길을 가기 위해서는 훗날 안락한 삶이 보장되는 한의사의 삶을 포기해야 했다. 그리고 무엇보다 가족들의 격렬한 반대를 극복해야 했다. 이런 생각이 꼬리에 꼬리를 물다보니 결심하기가 쉽지 않았다. 갈등의 연속이었다.

나는 100일 작정 새벽기도를 통해 하나님의 음성을 듣고 그분의 인도하심을 따르기로 했다. 그리고 이 기간 동안 믿음장으로 불리는 히브리서 11장 전체를 암송하며 에녹, 아브라함, 엘리야 등 귀한 믿음의 선진들의 본을 따를 수 있는 힘 주시기를 간절히 기도했다.

그렇게 작정한 100일의 시간이 거의 끝나갈 무렵이었다. 하나님은 히브리서 11장 24절부터 26절까지의 말씀으로 강하게 나를 찾아오셨다.

믿음으로 모세는 장성하여 바로의 공주의 아들이라 칭함 받기를 거절하고 도리어 하나님의 백성과 함께 고난받기를 잠시 죄악의 낙을 누리는 것보다 더 좋아하고 그리스도를 위하여 받는 수모를 애굽의 모든 보화보다 더 큰 재물로 여겼으니 이는 상 주심을 바라봄이라

히 11:24-26

나는 바로의 공주의 아들로서 누릴 수 있는 편안한 삶을 버리고 노예로 살고 있는 하나님의 백성 이스라엘과 함께 고난받는 길을 기쁘

게 가기로 결단한 모세의 믿음을 묵상했다. 그러던 중 실타래처럼 얽혀 있던 진로 문제에 대한 해답을 얻었다.

"그래, 나도 모세처럼 살자. 어차피 한 번밖에 없는 인생, 주님께 내 인생을 온전히 드리자."

나는 한의사로서의 삶을 내려놓고 선교 단체에서 사역자로 온전히 헌신하는 삶을 살기로 결심했다. 신입생 때 멋모르고 데모 현장에 갔다가 붙잡힌 것을 계기로 내 삶에 강권적으로 개입하신 하나님은 결국에 나를 복음 운동권의 삶으로 인도하신 것이다.

이 결단을 하자 나를 짓누르던 마음의 번민과 갈등은 이내 사라지고 하늘의 평강과 위로 그리고 확신이 임했다. 나는 그 주에 있던 소감 발표 모임에서 이런 결심을 밝혔고, 리더십은 나의 이름을 모세로 바꿔주며 모세와 같은 영적 지도자가 되라고 축복해주었다. 내 이름이 '류모세'로 바뀐 것은 바로 이때 이루어진 것이다.

아버지를
버리다

하나님의 은혜와 인도하심 가운데 졸업 후의 진로를 확정할 수 있었지만, 내 앞에는 반드시 건너야 할 홍해와 같은 문제가 기다리고 있었다. 그것은 바로 이런 나의 결정을 아버지에게 말씀드리는 것이었다.

이것이 무슨 문제인가 싶겠지만, 내게는 결코 쉽지 않은 일이었다. 사역자의 길을 가려고 결심하는 데에도 100일간의 작정기도가 필요했다. 하물며 예수를 믿지 않는 아버지에게 졸업을 앞둔 아들이 한의사가 아닌 생뚱맞게 복음전도자가 되겠다고 말한다면, 아버지가 어떤 반응을 보일지는 충분히 예상되었다. 그 어떤 신실한 장로님이라도 자신의 아들이 이런 결정을 했다면 쉽게 받아들이지 못할 것이다.

나는 이것을 놓고 기도하는 가운데 내가 먼저 말씀드리지 않고 아버지가 먼저 진로에 대해 물어오실 때까지 잠잠히 기다리기로 했다. 그리고 마침내 그때가 왔다. 아버지가 나를 방으로 부르신 것이다. 아버지는 졸업 후의 진로에 대해 힘없는 목소리로 물으셨다. 아무래도 그동안 내가 선교 단체에 완전히 빠져 산 것을 아시기에 혹시나 하는 마음에 염려하시는 것 같았다.

나는 아버지의 충격을 조금이라도 덜기 위해 은근히 돌려서 말했다.

"아버지, 아무래도 아버지의 기대에 부응하지 못할 것 같습니다."

그러나 아버지는 이미 내 말의 뜻을 정확히 아셨다. 이튿날 아버지는 아무 말씀도 없이 홀연히 집을 나가셨다.

그동안 나는 선교 단체에서 별나게 신앙생활 하며 집에서 쫓겨나기를 밥 먹듯 했기 때문에, 이번에도 쫓겨날 각오를 단단히 하고 예전처럼 잠시 집을 나갔다가 아버지의 화가 누그러질 때쯤 슬며시 들어와 아버지의 비위를 맞추면 이 위기를 잘 넘기리라 생각했다. 하지만 이번에는 상황이 달랐다. 아버지가 직접 집을 나가셨기 때문이다.

전혀 예상 밖의 상황에 부딪치자 나는 당황하지 않을 수 없었다. 하루 이틀이 지나도 아버지로부터 연락이 없었고, 여기저기 전화하며 아무리 수소문을 해봐도 아버지의 행방을 도무지 알 수가 없었다. 시간이 지나면서 어머니마저 초조해하시는 것을 보니 어머니에게조차 아무 말씀도 하지 않고 나가신 것 같았다.

아버지가 행방불명된 지 일주일이 지났을 때, 우리 가족은 실종 신고를 심각하게 고려했다. 그런데 때마침 아버지가 무척 초췌한 모습으로 집에 들어오셨다. 몇 날 며칠을 못 드시고 못 주무신 것처럼 보였다. 아버지는 나를 보자마자 작고 떨리는 목소리로 말씀하셨다.

"아들… 없는 셈… 치겠다. 네 인생이니 네가 원하는 대로 해라."

이때 아버지께서 하신 말씀은 지금도 눈을 감으면 귓가에서 맴돈다. 그 목소리의 떨림과 그 톤까지 그대로…. 아버지는 일주일간의 고뇌와 번민 끝에 하나밖에 없는 아들에 대한 기대를 완전히 접으셨다. 믿지도 않는 아버지가 '내려놓음'을 실천하신 것이다. 심지어 아버지는 내게 차라리 정식으로 신학교에 가서 목회자가 되는 것이 어떻겠느냐고 권유하셨다.

사실 아버지는 거의 자포자기하신 듯했다. 아버지는 그동안 나를 집에서 쫓아내기도 하고, 등록금을 내주지 않겠다고 협박하기도 하셨다. 한번은 선교 단체를 직접 찾아가 리더십과 언성을 높이며 싸우기도 하셨다. 그러나 그 어떤 방법으로도 하나님께 완전히 붙잡힌 아들의 고집을 꺾을 수 없었고, 결국 아버지가 염려했던 최악의 상황, 즉 졸업을 앞둔 아들이 한의사의 길을 포기하고 복음전도자가 되겠다는 폭탄선언에 망연자실해져서 모든 것을 내려놓으신 것이었다.

그날 밤, 나는 밤새 뒤척이며 한없이 흐느끼기만 했다. 자식에 대한 최소한의 기대마저 내려놓아야 하는 아버지의 심적 고통을 모르는 바 아니었고, 그렇다고 해서 내가 하나님 앞에서 가기로 확정한 복음전도자의 길을 포기할 수도 없었기 때문이다. 부모님의 마음에 감당하기 힘든 상처와 아픔을 안겨드린 것 같아 내 마음은 한없이 무거워졌다.

잠 못 이루며 번민의 시간을 보내고 있을 때였다. 그 순간 하나님은 마가복음 10장 29,30절 말씀을 통해 나를 찾아오셨다.

> 내가 진실로 너희에게 이르노니 나와 복음을 위하여 집이나 형제나 자매나 어머니나 아버지나 자식이나 전토를 버린 자는 현세에 있어 집과 형제와 자매와 어머니와 자식과 전토를 백 배나 받되 박해를 겸하여 받고 내세에 영생을 받지 못할 자가 없느니라 막 10:29,30

예수님을 믿어도 누구나 이렇게 살지는 않는다. 그러나 우리가 복음을 위해 살고자 한다면, 아브라함이 본토 친척 아비 집을 떠날 때 겪은 동일한 아픔을 우리도 감내해야 한다. 하나님은 이 말씀을 통해 내 안에 부르심의 소망과 영생에 대한 확신을 더욱 새롭게 부어주셨다.

남느냐? 떠나느냐?

또 한 차례 구원의 확신을 얻다

다시 시작하는 도전

만남의 주선자 되신 하나님

이스라엘 선교로 부르시다

전문인 선교사로 가라

PART

2

알을 깨고
나오다

남느냐?
떠나느냐?

진로가 확정되고 아버지와의 문제도 어느 정도 해결되자 더 이상 장애물과 번민이 없을 것만 같았다. 이제 내게 남은 것은 정욕과 탐심을 십자가에 못 박고 예수 그리스도만 바라보면서 사역자로 훈련받는 일, 그리고 묵묵히 그 길을 가는 것뿐이었다.

그런데 모든 문제가 사라졌다고 안심하던 그때에 지금까지 경험하지 못한 아주 혹독한 시험이 나를 기다리고 있었다. 대학생활의 거의 전부를 드리며 헌신했던 선교 단체를 떠나야만 하는 상황이 온 것이다.

UBF에서 단순한 팔로워를 벗어나 리더의 위치에 서게 되면서 나는 새로운 차원의 영적 싸움을 겪었다. UBF는 일반 교회나 다른 선교 단체도 인정할 만큼 복음에 대한 열정과 헌신이 대단했다. 이것은 내가 UBF를 섬기면서 느낀 큰 장점 중 하나이기도 했다. 그러나 결혼에 대한 문제만큼은 이해하기 어려웠다. 그 이면에 반드시 수정되어야 할 치명적인 신학적 오류가 있었기 때문이다.

UBF는 다른 선교 단체와 달리 평생 그 단체에서 헌신하도록 가르친다. 그러다보니 단체의 최고 리더십은 개인의 진로 문제뿐만 아니라 결혼 문제에까지 절대적인 영향력을 행사할 수밖에 없다. UBF에서 가르치는 결혼관은 참으로 독특하다. 리더십이 결혼할 배우자를 임의로 짝지어주기까지 하니 말이다.

이것은 UBF에서 이른바 'Anyone, Anytime' 교리라고 불린다. 'Anyone'이란 캠퍼스 복음화라는 사명을 위해서라면 어느 누구와도 결혼할 수 있어야 한다는 것이다. 예를 들어 최고 리더십이 "저 이역만리 아프리카에 예수를 잘 믿는 흑인 성도가 있는데 그 성도와도 기꺼이 결혼할 수 있는가?"라고 물을 때 "아멘"으로 화답할 수 있는 사람만이 UBF에서 결혼이 가능하다. 또 'Anytime'이란 "결혼할 배우자가 정해지면 당장 내일이라도 결혼할 수 있는가?"라는 물음에 "아멘"으로 화답하는 것이다. 그렇기 때문에 UBF 내에서 결혼 이야기가 나오면 빠르면 몇 주, 늦어도 몇 달 안에는 결혼이 성사된다.

UBF에서는 예수님을 영접한 사람에게 이 교리를 곧바로 가르치고, 결혼 적령기가 될 때까지 이성교제를 금하며 이 교리를 따르도록 한다. 이 교리에 따라 단체의 최고 리더십이 한 개인의 결혼 문제에 있어서도 전권(全權)을 행사한다.

이 교리를 가르치며 주로 등장하는 성경적 예화가 바로 이삭과 리브가의 결혼이다. 이삭은 첫날밤을 치르기까지 리브가의 얼굴도 보지 못했다. 그저 아버지 아브라함이 짝지어준 배필을 믿음으로 받아들였다. UBF에서는 이것이 모든 그리스도인들이 따라야 할 성경적인 결혼이라고 가르친다. 하지만 이삭의 결혼 하나만으로 'Anyone, Anytime' 교리를 가르치는 것은 분명 문제가 있다. 왜냐하면 성경에는 다른 형태의 결혼이 훨씬 많이 나오기 때문이다. 야곱은 자유연애를 통해 네 명의 부인을 얻었고, 다윗과 솔로몬에게도 수많은 첩들이 있었는데 그렇다면 이것은 어떻게 설명할 것인가?

나는 그동안 UBF에서 신앙생활 하며 이 교리를 귀가 따갑게 들어왔다. 그런데 이것이 새삼스럽게 문제가 된 것은 다른 이유 때문이다. 나 자신은 캠퍼스 복음화라는 선교 사명을 위해 얼마든지 그렇게 결혼할 수 있었다. 하지만 이제 갓 들어오는 신입생들에게 그런 결혼만이 성경적인 결혼이라고는 차마 가르칠 수 없었다. 이런 고민은 내가 리더가 되고 앞으로 UBF라는 선교 단체가 나아가야 할 방향까지 고민하게 되면서 자연스럽게 이루어진 것이다.

내가 처음 대학에 들어왔을 때와 비교해보니, 내가 졸업을 앞둔 시점에서 바라본 캠퍼스는 이미 완전히 다른 세상으로 변해 있었다. 일단 대학 내에 정치적 이슈를 앞세운 데모가 사라졌고, 신입생들 역시 소위 말하는 X세대, N세대로 불리며 빠르게 변화하고 있었다. 이토록 자유분방한 신입생들에게 이런 극단적이고 보수적인 결혼 교리를 가르칠 때 그들이 어떤 반응을 보일지는 누구나 쉽게 예상이 가능했다.

복음에서 본질적인 것과 비본질적인 것을 나누어볼 때 나는 UBF가 수십 년간 고수해온 이 결혼 교리는 다분히 비본질적인 것이며, 또 시대에 맞지 않는 전근대적인 교리라 확신했다. 그리고 이런 나의 생각을 리더십들과 조심스럽게 나누었다. 하지만 그 파장은 예상했던 것보다 훨씬 컸다. 한마디로 내가 상상하지 못한 상황이 벌어졌다.

나는 한순간에 아웃사이더가 되었고, 점차 일상적인 교제권에서 벗어났으며 영적인 왕따를 경험해야 했다. 상황은 점점 악화되어 내가 단체의 가르침에 100퍼센트 따르든지, 아니면 단체를 떠나든지 양자택일해야 하는 상황으로까지 몰렸다. 하지만 나는 그때까지 UBF를 떠난다는 것을 생각해본 적이 없었다. 심지어 꿈속에서도 말이다.

중학교 1학년 때 딱 한 번 교회에 간 것을 제외하면 UBF는 내가 처음 예수님을 만나고 기꺼이 주님께 헌신할 수 있도록 양육해준 어머니와도 같은 곳이었다. 그곳에는 나의 대학생활의 모든 것이 배어 있었고, 그래서 UBF는 내 꿈과 비전, 그리고 인간관계의 결정체이기도 했다. UBF에서의 신앙생활을 위해 모든 것을 헌신짝처럼 버렸던 내게 UBF를 떠난다는 것은 곧 무인도에 홀로 서는 것을 의미했다.

또 한 차례
구원의 확신을 얻다

UBF를 통해 예수님을 만나고 성경교사요 복음전도자로 훈련받으면서 많은 핍박과 어려움들이 있었다. 그러나 졸업을 앞두고 통과해야만 했던 이 시험만큼은 그중에서도 가장 혹독한 것이었다. 이 시험에서 나를 집요하게 괴롭혔던 신학적 명제는 두 가지였다.

첫째는 "내가 평생을 헌신하려고 했던 UBF를 떠나는 것이 곧 하나님을 떠나는 것인가?"였다. 어쩌면 이것은 다른 사람에게는 우스꽝스럽게 들릴지도 모른다. 하지만 실제로 UBF에 다년간 헌신했다가 떠나가는 사람에게는 결코 우스운 문제도 단순한 문제도 아니었다. 왜

냐하면 그동안 나는 단체에 헌신했다가 떠나는 사람을 가리켜 그가 하나님의 부르심과 소명을 저버린 것이라고 배웠기 때문이다. 이렇게 수년간 집중적으로 그런 생각이 주입되다보면 결국 어떤 상황에서도 UBF를 떠날 수 없게 된다. UBF를 떠나는 것은 곧 하나님을 떠나는 것이고 하나님의 은혜를 저버리는 것이 되기 때문이다.

둘째는 "선교 단체를 떠나면 캠퍼스 복음화의 사명은 어떻게 감당할 것인가?"였다. 나는 UBF에서 예수님을 만난 다음 날 이미 선교사로 헌신했고, 졸업과 함께 캠퍼스 복음화를 위한 풀타임 사역자가 되기로 헌신했다. 만약 UBF를 떠난다면 그동안 수차례 드린 헌신과 소명은 어떻게 해야 하는 것일까?

나는 이 두 가지의 명제를 가지고 오랜 시간 씨름해야 했다. 이 영적 싸움은 9개월 동안 체중이 7킬로그램이나 빠질 만큼 매우 치열했다. 한의사 국가고시 준비를 위해 고시원에 들어가서도 도무지 공부에 집중할 수가 없었다. 게다가 내가 졸업을 앞둔 해에는 약사법, 즉 약사들이 한약을 다룰 수 있도록 허용하는 법안이 국회를 통과하면서 전국 12개 한의과 대학 본과 4학년 졸업생들이 국가고시를 무기한 거부하는 투쟁을 벌이고 있던 터였다.

나는 언제 볼지도 모르는 국가고시를 준비하기보다는, 이참에 나를 짓누르는 신학적 명제들에 대한 해답을 찾기로 결심했다. 그만큼 내게는 이 문제가 더 시급하고 절실했다. 나는 무턱대고 종로 5가에 위치한 기독교 서점에 가서 손에 잡히는 대로 국내외 유명 목사님들의 말씀 강해집을 샀다. 그런 다음 고시원 책상 위에 그 책들을 잔뜩 쌓아놓고 한 권씩 탐독하기 시작했다.

하나님은 간절하고 절실한 내 영혼의 외침에 신실하게 응답하셨다. 바로 마틴 로이드 존스 목사님의 《로마서 강해》 시리즈를 통해서였다. 나는 이 책을 읽으면서 놀라운 은혜를 받았고, 아울러 내가 고민하던 신학적 명제들에 대한 명쾌한 해답까지 얻을 수 있었다. 또한 선교 단체의 수많은 성경공부를 통해서 느낄 수 없었던 새로운 차원의 은혜와 평강, 그리고 확신을 얻었다. 예수 그리스도의 십자가에 나타난 하나님의 공의와 은혜에 대한 사도 바울의 명설교(롬 3:20-31)는 이전에 받았던, 하지만 가물가물해진 구원의 감격과 은혜, 그리고 십자가에 담긴 깊은 영적 의미들을 되새기게 해주었다.

고시원에서 이 책을 읽는 두 달의 시간은 내게 놀라운 회복과 치유의 시간이었고, 잘못 주입된 신학적 오류들을 교정 받는 축복의 시간이었다. 나는 날마다 폭포수와 같이 부어주시는 하나님의 은혜를 경험하면서 눈물이 앞을 가려 책을 제대로 읽을 수 없을 때도 많았다. 그렇게 매일이 부흥회요 천국잔치였다.

이 책을 통해 복음의 진수를 새롭게 맛보기도 했다. 죄 때문에 타락한 인생들을 구원하시는 하나님의 능력이 내 안에서 새롭게 역사했다. 구원의 감격이 다시금 용솟음쳤다. 특히 로마서 8장에 대한 설교를 읽을 때는 나를 창세전에 미리 아시고(예지) 정하시고(예정) 부르시고(소명) 의롭다 하시고(칭의) 영화롭게 하신(영화) 하나님의 완벽한 구원의 파노라마 속에 내가 있음을 확신할 수 있었다.

그렇다. 그 무엇도 나를 이 하나님의 사랑에서 끊을 수 없다. 절대 끊어지지 않는 이 황금 고리 설교는 구원의 확신, 즉 "UBF를 떠나면 구원받지 못하는 걸까?"라는 문제로 씨름한 내게 강한 확신을 주었다.

하나님이 미리 아신 자들을 또한 그 아들의 형상을 본받게 하기 위하여 미리 정하셨으니 이는 그로 많은 형제 중에서 맏아들이 되게 하려 하심이니라 또 미리 정하신 그들을 또한 부르시고 부르신 그들을 또한 의롭다 하시고 의롭다 하신 그들을 또한 영화롭게 하셨느니라

롬 8:29,30

마침내 나는 새가 알을 깨고 나오듯 내 안에 하나님보다 더 커져버린 UBF라는 단체의 단단한 껍질을 깨부수고 나올 수 있었다. 그리고 어느 곳에 있든지 하나님 한 분만 바라보고 의지하고 사랑하고 따라갈 수 있는 믿음, 하나님 한 분만으로 만족하는 길로 나를 인도하셨다. 9개월간의 기나긴 영적 혈투는 그렇게 끝이 났다.

곧이어 흑암과 혼돈의 세력이 물러가고 광명의 빛이 내 영혼을 환하게 비추기 시작했다.

다시 시작하는
도전

나는 하나님 한 분만 굳게 붙잡고, 마침내 대학생활의 전부를 보내다시피 한 UBF를 나와 세상에 홀로서기를 시도했다. 비록 앞으로 헤쳐나가야 할 세상이 내게는 무인도요 망망대해처럼 느껴졌지만, 더 이상 두렵거나 힘들지만은 않았다. 하나님의 강력한 은혜의 손이 나를 굳게 붙들고 있음을 확신했기 때문이다.

실제로 나는 UBF에서 오랫동안 신앙생활을 한 선배들이 그곳을 나온 뒤 교회에 적응하지 못하는 상황을 겪으며 결국 믿음의 길에서 떠나는 경우를 종종 보았다. 그곳에서 받았던 비전과 소명을 감당하기는커녕 불신자 때보다 더 타락하고, 심하면 정신과 치료를 받는 사람도 보았다.

누군가는 이에 대해 마치 항생제를 남용한 환자가 병에 걸리면 웬만한 항생제로는 전혀 약발이 받지 않는 것이나 만성 중독자에게 나타나는 금단현상과도 같다고 말할 정도였다. 나는 이 표현이 너무 적절하고 정곡을 찌르는 비유라고 생각한다. UBF에서 말씀 훈련을 받고, 그곳에서 가족보다 더 끈끈한 인간관계를 경험하면서 나 또한 점점 고강도의 항생제에 중독되는 듯한 느낌을 받았기 때문이다. 그만큼 강렬한 것이 바로 대학생 선교 단체의 경험이다.

나는 선교 단체를 나온 뒤 이번 기회에 신학교에 들어가 목회자의 길을 가고자 진지하게 기도하고 고민했다. 하지만 기도할 때마다 하나님이 주시는 생각은, 아직은 때가 아니라는 것이었다.

어느 날 세미한 주님의 음성이 들렸다.

"자꾸 나를 위해 엄청난 헌신과 결단을 하려고 하지 말고 잠잠히 나를 바라보라. 홍해 앞에 선 이스라엘 백성들이 그랬던 것처럼 나를 보라. 그리고 교회를 다니며 첫 단계부터 다시 천천히 배워라. 때가 되면 내가 너를 통해 크고 놀랍고 기이한 일을 새롭게 시작하겠다."

그동안 나는 주님을 위해 무엇인가를 결단하고 헌신해야 한다는 강박관념에 사로잡혀 있었다. 신학교를 가려고 했던 것 역시 또 다른 헌신과 결단의 표시였다. 나는 그때 비로소 깨달았다. 하나님께서 지금 내게 원하시는 것은 무조건적인 헌신과 결단이 아니라는 사실을. 하나님께서는 내가 하나님 안에서 잠시 멈춰 서서 쉬기를 원하셨다. 모든 것을 다 내려놓고 온전히 주님만 바라보기를 원하셨다. 그런데 늘 긴장의 허리띠를 졸라매고 살아온 나로서는 주님이 원하시는 그대로 순종하는 것이 도리어 익숙하지 않은 일이었다.

나는 하나님의 말씀에 순종하여 우선 교회를 찾았다. 한 번도 교회에서 신앙생활을 해보지 않았기에 일단 내가 잘 적응할 수 있는 곳으로 가고 싶다는 생각이 들었다. 그러던 중 당시 고(故) 하용조 목사님이 선교 단체의 영성으로 목회하시며 놀라운 속도로 부흥하고 있던 온누리교회에 대한 소문을 듣게 되었고, 나는 주저 없이 온누리교회로 옮기게 되었다.

만남의 주선자 되신 하나님

내가 UBF를 나왔을 때 쌍수를 들고 환영해주신 분이 있었다. 다름 아닌 아버지였다. 그도 그럴 것이 그동안 아들을 UBF에서 빼내기 위해 집에서 쫓아내기도 하고 때론 자신이 집을 나가기도 하는 등 온갖 방법을 다 써보아도 실패했는데, 그런 아들이 어느 날 갑자기 제 발로 그곳을 나왔으니 기뻐하시는 것이 당연했다.

그런데 이때가 기회다 싶으셨는지, 아버지는 내가 더 이상 딴생각을 하지 못하게 하기 위해 내 결혼을 서두르셨다. 때문에 나는 틈만 나면 맞선을 봐야 했다. 당시 나는 선릉역 근처에서 한의원을 운영하

59

고 있었고, 그것을 알고 있던 중매인이 매주 무조건 그 주변에서 맞선 날을 잡았다.

중매인이 소개해준 맞선 상대는 국회의원의 조카딸이나 백화점 사장의 딸, 어학원 대표의 여동생 등 하나같이 쟁쟁한 사람들이라 평범한 내게는 부담스럽기 그지없었다. 게다가 대학생활 내내 선교 단체에서만 보낸 나는 연애 한 번 해본 적 없었고, 소개팅도 한두 번 해본 것이 전부일 정도로 숙맥이었다. 그러다보니 당연히 맞선을 보는 어색한 자리에서 무슨 얘기를 꺼내야 할지 알 리가 없었다.

다행히 맞선 상대가 대부분 크리스천이었기에 나는 선교 단체에서 하나님을 만나게 된 간증, 그리고 선교 단체를 떠나 교회로 옮기게 된 고통스런 과정 등을 진술하게 말했다. 또 당장은 한의원을 하고 있지만 머지않아 하나님의 사인(sign)이 있을 때 선교사로 나갈 것이라는 비전도 나누었다.

하지만 나는 수차례 맞선을 보며 그동안 내가 참으로 별난 곳에서 별난 인생을 살아왔다는 사실만을 뼈저리게 실감할 뿐이었다. 맞선 때마다 나누었던 나의 간증과 비전에 대해 어느 누구 하나 공감해주지 않았기 때문이다. 오히려 나를 마치 외계인 보듯 신기한 눈빛으로 쳐다보거나 측은하게 바라보기도 했다. 역시 세상은 내게 그리 만만한 곳이 아니었고, 그런 유쾌하지 않은 경험들을 통해 나는 조금씩 세상을 알아가고 있었다.

그러던 어느 날, 교회에서 '성경의 맥을 잡아라'라는 두란노 강의를 들을 때였다. 당시 강사였던 유진소 목사님과 유수열 목사님(당시에는 집사님)의 소개로 한 만남을 갖게 되었는데, 그때 만난 사람이 바로 지금의 아내다. 1995년 4월 8일, 나는 그녀에게 첫눈에 반했다. 맞선 자리에 어울리지 않게 면 티셔츠에 청바지를 입은 너무나 캐주얼한 모습이었는데도 그녀는 참으로 예뻐 보였다. 아무래도 눈에 콩깍지가 씐다는 게 바로 이런 상황이리라.

그런데 그녀는 맞선 자리에 앉자마자 어리둥절해하는 나를 보고 이렇게 말했다. 아내가 했던 첫마디는 지금도 잊을 수가 없다.

"저는 이스라엘 선교사로 소명을 받았는데 그 비전을 함께할 수 있나요?"

요컨대 자신과 비전을 함께할 수 없다면 더 이상 진도조차 나갈 필요가 없다는 말이었다. 사실 그녀는 맞선 상대가 한의사이기 때문에 그 자리에 나오지 않으려고 했다고 한다. 한의사라면 같이 선교하러 나갈 것 같지 않았기 때문이라는 것이다.

나 역시 선교 단체에서 신앙생활을 했기 때문에 선교에 대해 들을 만큼 들었다. 그런데도 이렇게 당당히 선교사의 비전을 선포하는 그 자매가 신기했다. 교회에도 이렇게 선교에 헌신된 사람이 있다니! 나는 그 사실에 적지 않게 충격을 받았다. 마치 망치로 뒤통수를 세게 얻어맞은 것 같았다. 그리고 이 자매야말로 하나님이 내게 짝지어주신 소중한 배필임을 확신했다.

아내와의 만남 그리고 결혼은 그야말로 초스피드로 진행되었다. 우리는 만난 지 2주 만에 결혼을 약속했고, 거의 하루도 빠지지 않고 강남역에서 만나 데이트를 했다. 그리고 만난 지 7개월 만인 11월 9일, 우리는 내가 참석하고 있던 강남 CBMC 모임을 맡고 계신 방선기 목사님의 주례로 온누리교회에서 결혼식을 올렸다. 솔직히 이 결혼은 잠시나마 아들에 대한 기대를 품었던 아버지에게는 실망을 안겨주었다. 하지만 그동안의 경험으로 아들의 고집을 꺾을 수 없다는 것을 아셨기에 아버지는 결혼을 승낙해주셨고, 우리는 축복 속에서 결혼할 수 있었다.

만약 하나님의 특별한 섭리가 없었다면 우리는 만나지 못했을 것이다. 아내와 나는 같은 서울 하늘 아래 살면서도 옷깃조차 스칠 수 없는 그런 사이였다. 왜냐하면 내가 UBF에서 나오지 않았다면, 나는 그곳에서 리더십이 짝지어주는 자매와 결혼했을 것이다. 아내 역시 이스라엘 선교의 비전을 품었지만 자신의 비전을 함께할 배우자를 찾지 못해 홀로 선교사 지원을 하려던 참이었다고 한다.

이렇게 도저히 만날 수 없는 운명이었던 우리의 만남을 주선해주신 분은 분명히 하나님이셨다.

이스라엘 선교로
부르시다

사실 '이스라엘 선교'는 선교 단체 출신인 나에게도 무척 생소했다. 하지만 내가 아내의 비전에 흔쾌히 "예스"라고 동의한 데는 특별한 이유가 있었다.

그 당시 나는 마틴 로이드 존스 목사님의 《로마서 강해》 시리즈를 읽고 있었는데, 그때까지 시리즈가 완결되지 않아 계속 출간되고 있던 시점이었다. 그래서 로마서 9장부터 11장까지는 유도순 목사님의 《로마서 강해 설교》를 열심히 읽고 있었다. 그러면서 이스라엘에 대해 많은 생각을 하게 되었다.

전체 16장으로 이루어진 로마서에서 사도 바울은 9장부터 11장까지 석 장에 걸쳐서 이스라엘 민족의 구원에 대해 피 끓는 설교를 한다.

내가 그리스도 안에서 참말을 하고 거짓말을 아니하노라 나에게 큰
근심이 있는 것과 마음에 그치지 않는 고통이 있는 것을 내 양심이 성
령 안에서 나와 더불어 증언하노니 나의 형제 곧 골육의 친척을 위하여
내 자신이 저주를 받아 그리스도에게서 끊어질지라도 원하는 바로라
롬 9:1-3

1장부터 8장에서는 한 개인에게 일어난 구원은 이미 창세전에 계획
된 하나님의 완벽한 파노라마 속에 일어난 것임을 역설했다. 그러면
서 9장부터 11장을 통해 한 개인에게 일어난 구원도 이토록 완벽하게
예비되어 있다면 '이스라엘'이라고 하는 한 민족 전체를 택했다가 나
중에 '이게 아닌가벼' 하고 용도 폐기하는 일은 결코 있을 수 없음을
호소한다. 내가 이스라엘의 구원 문제에 대해 깊이 묵상하고 있을 때
바로 아내를 만나게 된 것이다. 정말 완벽한 하나님의 타이밍이 아닐
수 없었다.

또한 나는 아내를 만나면서 신앙생활도 순조롭게 할 수 있었다.
온누리교회 교인이었던 아내가 많은 도움을 주었기 때문이다. 나중
에 알고 보니 장인어른은 온누리교회에서 이스라엘 중보 모임을 인도
하는 부장 집사님이셨고, 아내는 이스라엘 선교회의 간사를 맡고 있

었다. 처갓집 식구들은 하나같이 이스라엘의 '이'자만 들어도 흥분하는 무척 독특한(?) 집안이었다. 이렇게 하나님은 선교 단체를 나와 새롭게 시작한 교회생활과 결혼생활을 통해 나에게 '이스라엘 선교'라는 새로운 푯대를 허락하셨다.

우리는 3, 4년 정도 한의원을 해서 어느 정도 재정을 마련한 후에 이스라엘에 가기로 인생의 방향을 정했다. 그래서 나는 매주 토요일이면 이스라엘 기도 모임에 나갔고, 이스라엘 선교와 관련된 책들을 구해 읽으며 조금씩 선교사로 나갈 준비를 했다.

이때 읽은 책 중에 나의 영적인 눈을 뜨게 해주며 감추어진 선교지로서의 이스라엘을 확실하게 볼 수 있도록 눈을 열어준 책이 있다. 바로 마이클 L. 브라운 박사의 《우리 손이 피로 물들었나이다》라는 책이다. 나는 이 책을 통해 예수님이 십자가에 죽으신 주후 1세기부터 현대 국가 이스라엘이 탄생하는 1948년까지 2000년간, 유대인들이 기독교인들로부터 줄기차게 당했던 핍박과 멸절의 스토리를 생생하게 들을 수 있었다.

미국계 유대인이자 기독교인인 브라운 박사는 이 책에서 사랑과 용서를 강조하는 기독교가 유독 예수님의 골육의 친척인 유대인들에 대해서만큼은 피도 눈물도 없는 증오의 종교였음을 신랄하게 고발했다. 그리고 이방인 교회는 그들의 신앙의 뿌리인 이스라엘을 버렸지만 하나님은 결코 이스라엘을 버리지 않으셨음을 거듭해서 강조했다.

그러므로 내가 말하노니 하나님이 자기 백성을 버리셨느냐 그럴 수 없
느니라 롬 11:1

하나님은 책을 통한 방법뿐만 아니라 다른 방면으로도 내게 은혜
를 주셨다. 그것은 대학 때부터 관심을 갖고 공부한 사상 체질을 환
자의 치료에 효과적으로 활용할 수 있도록 도우신 것이었다. 3,4년의
짧은 한의사 생활이었지만 하나님은 나의 체질 연구를 축복해주셨고
많은 열매를 허락하셨다. 새로 개발한 '레이저 체질 진단법'으로 KBS
뉴스에 출연하기도 했고, 〈매일경제신문〉에 '체질 건강학'이라는 제
목으로 고정 칼럼을 연재하기도 했다. 나중에 이 칼럼들을 모아《체
질을 알면 사람이 보인다》라는 책도 출간하게 되었다.

전문인 선교사로

가라

한의원을 하며 어느 정도 재정이 모아졌다 싶었을 때 다시 고민하게 된 부분이 있었다.

'신학을 공부해서 목회자 선교사로 나갈 것인가, 한의사라는 직업을 살려서 전문인 선교사로 나갈 것인가?'

그동안 나는 오랫동안 성경을 공부하고 가르치며 신학 자체에 대한 무한한 동경과 목마름을 가지고 있었다. 그래서 솔직히 이스라엘로 가기 전에 캐나다의 리젠트 칼리지(Regent College)에서 신학을 공부하고 안수를 받고자 하는 마음이 컸다. 나는 나보다 앞서 그 길을 가고 있던 한의사 선배에게 국제전화까지 해가며 조언을 구했고, 그러면서 목회자 선교사로 나가야겠다는 마음이 한껏 부풀어 올라 있었다.

하지만 우리 가정을 위해 기도해주던 중보자들은 굳이 신학을 하기 위해 캐나다로 가지 말고 곧장 이스라엘로 가는 것이 좋겠다고 권면했다.

한의원을 정리할 즈음 나와 아내는 이 문제를 놓고 기도했다.

"어떤 길이 하나님이 기뻐하시는 길인가요?"

하지만 우리는 둘 중 어느 것도 선택할 수 없는 상황이 되었다. 한의원을 정리해야 그다음 단계로 나아갈 수 있는데, 몇 달을 기다려도 인수자가 나타나지 않았기 때문이다. 1999년 초, 당시 IMF로 인한 경제 위기 때문에 한의사들은 저마다 개업을 주저했고, 개원을 해도 위험부담을 줄이기 위해 최대한 작은 규모로 한의원을 열었다. 그런데 당시 내가 하던 한의원은 꽤 규모가 컸기 때문에 선뜻 인수자가 나타나지 않았던 것이다.

우리는 하나님의 뜻을 구하며 3개월 작정기도에 들어갔다.

"하나님, 3개월 안에 한의원이 정리되면 전문인 선교사로 이스라엘에 나가라는 뜻으로 알고, 만약 기한을 넘기면 캐나다에서 공부한 후에 이스라엘에 가라는 뜻으로 알겠습니다."

그런데 참으로 믿기지 않는 일이 일어났다. 작정기도를 시작한 지 정확히 3개월이 되는 날, 한의원 인수자가 나타난 것이다. 하나님께서는 내가 가야 할 전문인 선교사로서의 방향을 확실히 알려주셨다. 그렇게 그분은 나의 길을 구체적으로 인도하고 계셨다!

7일 전쟁

성령세례를 받고자 하는 소원

복음의 땅끝

한의사로 다가가다

이스라엘에 온 이유?

복음을 전할 절호의 기회

유대인에게 용서를 구하다

조심스럽게 열린 전도의 문

선교지 이스라엘을
만나다

7일
전쟁

뉴밀레니엄이 시작된 2000년 1월 첫째 주일, 서빙고 온누리교회 본당에서 우리 가정을 포함한 몇 가정의 선교사 파송식이 있었다. 그리고 마침내 2000년 2월 26일, 나와 아내는 4살 된 아들 찬영이와 10개월 된 딸 현지를 안고 오랫동안 기도해온 사명의 땅 예루살렘에 첫발을 내디뎠다. 이스라엘에 도착한 그날부터 우리의 삶은 순탄치 않았다. 첫날부터 시작된 일주일간의 혹독한 영적 전쟁을 생각하면 아직까지 몸서리가 쳐질 정도다.

때는 늦은 비가 자주 내리는 겨울의 막바지 추위가 한창이었다. 한국에서 미리 부친 짐은 풍랑을 만나 미처 도착하지 않았고, 임시로 묵게 된 게스트 하우스는 난방이 전혀 되지 않아 한기가 고스란히 느껴질 만큼 추웠다. 나는 첫날부터 일주일간 평생 그렇게 심하게 앓아본 적이 없다 싶을 만큼 너무너무 아팠다. 알 수 없는 풍토병에 감염되었는지 사나흘을 꼬박 못 먹고 못 자다보니 헛것이 보이기도 했다. 그동안 머리로만 알고 있었던 영적 전쟁이 시작된 것이다.

당시 10개월이던 어린 현지도 예루살렘의 추위를 견디지 못하고 도착한 첫날부터 나와 함께 앓기 시작했다. 사흘간 열이 40도 가까이 오르내려서 수시로 해열제를 먹였지만 별다른 차도를 보이지 않았다. 우리는 아는 전도사님의 차를 얻어 타고 겨우겨우 응급실을 찾아갔는데, 간호사는 혈관을 제대로 찾지 못해 그 가녀린 팔목을 주사 바늘로 스무 번이나 넘게 찔러댔다. 그때마다 현지는 자지러지게 비명을 질렀다.

마침내 피를 뽑아 검사실로 들어간 간호사는 웬일인지 금세 밖으로 나왔다.

'검사 결과가 이렇게 빨리 나올 리가 없는데….'

다들 의아해하고 있을 때 간호사는 참으로 황당한 이야기를 했다. 채혈한 피가 부족하니 피를 좀 더 뽑아야 한다는 것이다. 이미 수십 군데나 주사바늘에 찔린 현지의 팔은 혈관이 수축되어 더 이상 피를 뽑을 수가 없었다. 그러자 간호사가 이번에는 발에 있는 혈관을 찌르기 시작했다. 현지는 거의 발악에 가까운 비명을 질렀다. 얼마나 아팠던지 나중에는 약간 움찔하기만 할 뿐 전혀 반응이 없었다. 완전히 실신하고 만 것이다.

병원 대기실에서 노심초사하며 몇 시간을 기다렸을까? 의사는 단순한 바이러스 감염이니까 그냥 해열제를 먹이라는 말만 남기고 매정하게 돌아서서 가버렸다. 해열제를 아무리 먹여도 열이 떨어지지 않아 병원에 왔는데, 이렇게 초주검을 만들어놓고는 그냥 해열제나 먹이라니….

우리는 답답하고 허탈한 마음을 안고 다시 숙소로 향했다. 그때 그 길이 어찌나 멀게 느껴지던지 지금도 생각하면 눈물이 핑 돈다. 퇴근 시간이라 교통 체증이 심해져서 차를 운전하던 전도사님이 샛길로 우회했는데, 그만 한쪽 바퀴가 비포장도로 구덩이에 빠져 오도 가도 못하게 되고 말았다. 엎친 데 덮친다고 갑자기 햇빛이 사라지더니 앞이 보이지 않을 정도로 장대비가 억수같이 퍼부었다. 그러더니 다시 우박이 쏟아지기 시작했다.

나는 온몸이 땀에 젖은 채 내 품에 안겨 거의 기절하다시피 잠들어 있는 딸을 보면서, 순간 하나님이 이 어린 생명을 거두어 가시는 게 아닌가 하는 두려움이 엄습해오는 것을 느꼈다.

그때 불현듯 이스라엘로 오기 전에 아버지가 하신 말씀이 떠올랐다.

"현지는 너무 어리니까 돌 지날 때까지 맡아주겠다."

아버지가 현지를 맡아주겠다고 하셨는데도 불구하고 가족이 다 같이 이스라엘로 가야 한다는 마음으로 데려왔는데…. 왠지 이 어린 딸아이에게 크나큰 시련을 안겨준 것 같아 도저히 마음을 주체할 수 없었다.

'선교사로 사역하는 것을 떠나서, 척박하고 황량한 이 예루살렘 땅에서 우리 가족이 과연 생존할 수 있을까? 이곳에서 장기 체류를 하려면 학생으로 학교에 적(籍)을 두어 학생 비자를 받아야 하는데, 그 어려운 히브리어로 의대 과정을 따라갈 수 있을까? 길눈이 어두워서 한국에서도 운전하는 데 꽤 애를 먹었는데, 이정표로 삼을 만한 특별한 건물도 없이 똑같은 돌집만 다닥다닥 붙어 있는 예루살렘에서 내가 과연 운전이나 제대로 할 수 있을까?'

며칠째 먹지도 자지도 못하고 딸까지 심한 고열에 시달리는 가운데 사탄은 내 안에 이렇게 꼬리에 꼬리를 무는 염려와 불안, 그리고 두려움을 주어 나를 혼비백산하게 만들었다. 사탄은 우리 가정이 이스라엘에서 계속 버티면 딸을 시작으로 하나씩 죽게 될 것이라는 극단적인 공포감을 내게 심어주기도 했다.

그렇게 사탄이 연속적으로 쏘아대는 두려움의 불화살을 맞다보니 어느새 나는 이스라엘 땅에서 아무것도 할 수 없을 것만 같았다. 이를 이겨내고자 성경과 신앙서적을 읽으려고 노력했다. 하지만 모든 게 허사였다. 성경과 신앙서적을 펴면 책갈피 사이로 귀신이 왔다 갔다 하며 나를 참소했기 때문이다. 정말 난생처음 하는 경험이었다.

'이런 게 바로 말로만 듣던 영적 전쟁이구나!'

머릿속으로는 '영적 전쟁'이라는 사실을 확실히 인지하고 있었다. 그렇지만 막상 내가 할 수 있는 것이 아무것도 없다고 느껴졌다. 기도도 할 수 없고 말씀도 볼 수가 없었다. 선교 단체와 교회에서 충분히 훈련받고 왔다는 자부심은 온데간데없이 사라지고, '도대체 이게 뭐란 말인가?' 하는 생각과 자괴감이 몰려들면서 심령은 끝 모를 나락으로 곤두박질쳤다. 다들 잠든 한밤중에도 나는 혼자 잠을 이루지 못하고 가쁜 호흡과 죄어오는 심장의 고통을 느끼며 캄캄한 거실을 미친 듯이 서성거렸다. 나중에는 숨도 안 쉬어져서 그대로 심장이 멈춰버릴 것만 같았다.

사탄의 집중 포화를 받고 완전히 그로기 상태에 빠진 나는 마침내 선교사로서 지켜내야 할 최후의 보루마저 무너뜨리고 말았다. 컨테이너 짐이 도착하기 전에 한국으로 돌아가는 것을 심각하게 고민하기 시작한 것이다. 나는 이런 내 생각을 아내에게 조심스럽게 말했다.

그러자 아내는 참으로 어이없다는 표정으로 말했다.

"여보, 창피하지도 않아? 당신 말대로 뉴밀레니엄과 함께 첫 주 대예배에서 파송받고 온 선교사가 선교지에서 고작 일주일도 못 버티고 돌아왔다고 하면 사람들이 과연 뭐라고 할까?"

아내의 말을 듣고 난 뒤 나는 잠시나마 제정신이 돌아왔다. 그랬다. 이대로 한국으로 돌아가는 것은 쥐구멍에라도 들어가야 할 만큼 무척이나 창피한 일이었다. 하지만 사탄의 공격은 거기서 멈추지 않았다. 나는 다시 정신이 혼미해져서 아내를 붙들고 한국으로 돌아가자고 졸라댔다. 창피한 것은 나중이고 지금 당장 죽을 것 같았기 때문이다.

나는 나름 좋은 아이디어랍시고 아내에게 제안했다.

"여보, 온누리교회로 안 돌아가면 되지. 그러면 창피한 일도 없잖아. 우리 아무도 모르는 낙도에 가서 그냥 평생 의료봉사나 하면서 살자!"

물론 이 제안 역시 아내에게 통하지 않았다. 그래서 그다음엔 "아직 훈련이 덜된 것 같으니까 훈련을 더 받고 나중에 다시 오자"라며 그럴듯한 구실을 만들어 생떼를 쓰기도 했다. 하지만 아내는 그야말로 요지부동이었다. 아내는 사탄의 공격으로 녹다운 된 나를 데리고 하루에도 몇 번씩 공원을 산책하도록 도와주었다. 기분은 상쾌해졌지만 그것도 그때뿐이었다. 나의 상태는 조금도 나아지지 않았다.

상황이 심각하다고 느낀 아내는 두려움에 사로잡힌 나를 붙잡고 수시로 대적기도를 해주었다. 여기에 이스라엘에서의 초기 정착 과정을 돕기 위해 함께 오셨던 장모님도 합세했다. 그때 나는 예수 그리스도의 이름으로 선포했을 때 마귀가 떠나가는 것을 체험했다. 말로는 다 형용할 수 없는 참으로 놀라운 체험이었다.

그러나 30분이 지났을까, 떠나갔던 마귀가 다시 찾아왔다. 결국 우리 가족은 밥 먹고 잠자는 시간을 빼면 항상 모여서 대적기도를 할 수밖에 없었다. 기도가 나오지 않을 때는 방언으로 쉬지 않고 하나님을 찬양했다. 그렇게 함으로써 어느덧 사탄이 감히 넘볼 수 없는 견고한 방어의 진이 형성되었고, 시간이 지나면서 나는 조금씩 기력을 회복했고 딸 현지 역시 건강을 되찾았다.

성령세례를
받고자 하는 소원

이스라엘에 도착하자마자 치러야 했던 일
주일간의 혹독한 영적 전쟁이 내게는 마치 7년쯤 되는 긴 시간처럼 느
껴졌다. 내가 이 영적 전쟁에서 가까스로 승리할 수 있었던 것은 전적
으로 대적기도와 방언기도의 위력 때문이었다. 초반 사나흘은 대책
없이 당하기만 했다. 그러나 가족 모두 합심해서 대적기도와 방언기
도에 전념하자 전세가 확실히 역전되었다.

나는 영적 전쟁의 상흔(傷痕)을 추스르며 1년간 선교 훈련을 받을
때 들었던 강의를 떠올렸다. '성령세례'라는 제목의 강의였는데, 지금
도 이 강의를 들을 수 있었다는 게 참으로 소중하고 고마울 따름이

다. 만약 그때 내가 그 강의를 제대로 소화하지 못했다면 어땠을까? 상상만 해도 끔찍하다. 나는 분명 영적 전쟁에서 완전히 패전하고 낙심한 채 짐을 싸서 한국으로 돌아왔을 것이다. 그러곤 아무도 나를 알아보지 못하는 어느 낙도에 숨어 평생 의료봉사를 하며 지냈을 것이다.

대천덕 신부님이 세우신 예수원에서 온 권요섭 형제가 인도한 일주일간의 성령세례 강의는 흥미롭기도 했지만 한편으로 내게 참으로 충격적이기도 했다. 특히 다음과 같은 말을 들을 때 내 귀가 번쩍 뜨였다.

"혹시 이 가운데 UBF나 네비게이토에서 오랫동안 훈련받은 선교사 지망생이 있다면 죄송하지만 그 분들은 성령세례를 받기가 정말 힘듭니다."

이 말을 들으며 나는 '도대체 성령세례가 뭐기에 내 대학생활의 전부를 헌신했던 UBF를 콕 찍어가며 저렇게 폄하하지?' 하는 생각에 성령세례에 대한 의구심을 떨칠 수가 없었다. 그렇잖아도 나는 당시 DTS 훈련 과정 전체를 지도하신 목사님이 '방언'과 '성령세례'에 대한 예찬론자였고 조금은 지나치다 싶을 만큼 방언기도를 강조했기에, 이에 대해 마음이 불편해 있던 상태였다.

그런데 말씀에 기초해서 성령세례 전반에 대해 강의하는 권요셉 형제로 인해 시간이 지날수록 마음 문이 조금씩 열렸고, 나도 성령세례를 받아보고 싶다는 소원이 올라왔다. 강의를 들으면 들을수록 그 강도는 더욱 거세어졌다.

내가 한창 UBF에서 신앙생활 할 때였다. 순복음교회에 다니던 막내 이모는 내가 대학에 입학한 뒤 예수님을 믿게 되었다는 소식을 듣고 내게 이렇게 물었다.

"예수님을 믿기 시작하면서 방언도 받았니?"

그때 나는 방언이라는 단어를 처음 들어보았다. UBF에서 신앙생활을 했지만 방언으로 기도하는 사람을 단 한 명도 본 적이 없었기 때문이다.

그래서 나는 이모에게 되물었다.

"방언이요? 그게 뭔데요?"

그러자 이모는 내가 예수님을 제대로 믿은 게 아니라고 했다. 황당하기도 하고 충격적이기도 했다. 나는 곧바로 성경공부를 가르쳐주던 선배에게 전화를 걸어서 방언에 대해 물었다. 그러나 선배는 이모와 달리 오히려 방언기도를 폄하하며 예수님을 주님으로 고백한다는 것이 이미 성령의 역사이고, 그것이 바로 성령세례를 받은 것이라고 반박했다. 이것이 그때까지 내가 방언과 성령세례에 대해 알고 있는 모든 것이었다.

그런데 선교 훈련을 받으면서 일주일간 집중적으로 듣게 된 성령세례 강의는 내게 강한 호기심과 갈망을 불어넣어 주었다. 그래서 나는 이번 기회에 성령세례에 대해 확실히 알고자 성령세례와 관련된 책을 닥치는 대로 사서 읽었다. 그때 독파한 책이 베니 힌 목사님의 《안녕하세요 성령님》을 비롯해서 박영선 목사님의 《성령론》, 마틴 로이드 존스 목사님의 《성령세례》 등이었다.

그러는 가운데 오늘날 성령세례로 인한 교단 간의 극단적인 갈등은 서로 미묘한 차이가 있는 '성령의 내주', '성령충만', '성령세례'라는 단어를 마구잡이로 혼동하여 사용하는 데서 비롯되었음을 알게 되었다. 이 책들에서 공통적으로 말하는 세 단어의 미묘하지만 확실한 차이는 이렇다.

성령의 내주(요 3:3,5)는 자신이 죄인임을 알고 예수를 그리스도로 고백하는 자의 내면에서 일어나는 성령의 기본적인 역사로 거듭남(중생)과 동일한 개념이다.

성령충만(엡 5:18)은 거듭난 신자가 성령을 마음의 중심에 모시고 성령의 인도와 주장을 지속적으로 받는 것을 말한다.

성령세례(눅 24:49 ; 행 1:5,8)는 거듭난 신자들이 성령충만 가운데 살 때 그들에게 특별한 사역을 수행시키기 위해 능력을 부어주시는 성령의 사역이다.

성령세례는 교회사적으로 하나님이 한 개인이나 집단을 능력 있는 전도자로 쓰시려고 할 때 예외적으로 일어나는 역사였다. D. L. 무디, 존 웨슬리 등은 그들의 삶이 성령세례를 받기 전후로 얼마나 드라마틱하게 바뀌었는지를 잘 보여주는 예이다. 무엇보다 가장 강력한 성령세례의 모델은 오순절 마가의 다락방에서 일어난 성령의 역사와 이때 일어난 제자들의 극적인 변화였다.

성령세례에 대해 알면 알수록 나도 성령세례를 받아 능력 있는 전도자가 되고 싶다는 강렬한 소원이 생겼다. 그래서 텅 빈 교회 본당 2층 구석에 앉아 한 시간 동안 두 팔을 높이 들고 입을 벌린 채 내게도 성령이 불같이 임하기를 기다리기도 했다. 그러나 팔만 뻐근하고 아플 뿐 기대했던 성령세례는 임하지 않았다. 나는 안수를 통해 성령세례를 받기도 한다는 말씀에 따라 탁월한 은사가 있다는 목사님을 찾아가 다짜고짜 그 분 앞에 무릎을 꿇고 안수 기도를 해달라고 요청하기도 했다. 하지만 결과는 마찬가지였다.

성령세례를 받고 싶다는 열망은 점점 더 강렬해졌다. 얼마나 열망했던지 어떤 날은 성령세례를 받고 유창하게 방언하는 꿈을 꾸기도 했다.

성령세례에 대한 일주일간의 이론 강의가 끝나고 성령세례를 위한 안수식이 있던 날이었다. 20여 명의 선교 지망생들이 원을 그리며 빙 둘러앉자, 안수식을 인도하는 권요셉 형제가 누구든지 성령세례를 받기 원하는 사람은 주저하지 말고 가운데로 나오라고 했다. 나는 두렵고 떨렸지만, 아주 간절한 마음으로 가장 먼저 가운데로 나갔다. 곧이어 모두 나를 향해 손을 뻗고 내게도 성령세례가 임하도록 방언으로 기도하고 찬양하며 마음껏 축복했다.

너희가 악할지라도 좋은 것을 자식에게 줄 줄 알거든 하물며 너희 하늘 아버지께서 구하는 자에게 성령을 주시지 않겠느냐 하시니라

눅 11:13

하나님은 이런 나의 간절한 기도를 외면하지 않으셨다. 갑자기 나의 온몸이 불같이 뜨거워지며 내 입에서 그토록 사모하던 방언이 터져 나왔다. 나는 나를 축복해주는 동기들과 함께 한참 동안을 그렇게 방언으로 기도했고 또 방언으로 찬양했다. 이전에 경험해보지 못한 신령한 은혜요 축복이었다.

안수식이 끝나고 나서 권요셉 형제가 이렇게 선포했다.

"오늘 성령세례 받은 몇 분의 형제님들 가운데 류 형제에게 가장 강력한 성령세례가 임했습니다."

성령세례를 경험한 후 나는 몇 달간 길을 가면서, 때론 운전을 하면서도 중얼중얼 방언으로 기도하곤 했다. 그리고 그때마다 더 빨리, 더 강하게 하나님의 임재를 느낄 수 있었다. 정말 신비로웠다.

하나님은 모든 그리스도인들이 자유롭게 창공을 날 수 있도록 '말씀'과 '성령'이라는 두 개의 날개를 주셨다. 그러나 사탄은 그리스도인들이 때론 좌익(왼쪽 날개, 성령)으로, 또 때론 우익(오른쪽 날개, 말씀)으로 치우쳐서 결코 하늘을 날 수 없는 기형적인 새로 만든다. 마치 덩치만 컸지 절대 하늘을 날 수 없는 타조처럼 말이다. 이 전략이야말로 사탄이 그리스도인들에게 쓰는 가장 보편적인, 그러나 가장 효과적인 전략이다.

8년간 UBF에서 말씀 훈련을 받은 내게 성령세례는 새로운 영적 세계에 눈뜨는 계기가 되었다. 이 영적인 경험이 내가 이스라엘에 도착하자마자 치렀던 치열한 영적 전쟁에서 승리할 수 있었던 가장 강력한 무기가 되었다.

복음의 땅끝

우리는 예수님의 재림(再臨)이 가까운 마지막 때를 살아가고 있다. 예수님의 재림과 함께 사탄은 붙잡혀 무저갱에 던져질 것이다. 예수님이 다시 오시는 그날은 곧 사탄에게는 최후의 날이다. 따라서 사탄은 그날을 최대한 지연시키기 위해 극도로 발악하고 있다.

예수님의 재림이 속히 이루어지기 위해서는 복음이 땅끝까지 전파되어야 한다. 오늘날 미전도 종족들의 수가 빠르게 줄어들고 복음이 놀라운 속도로 확장되는 것은 그때가 점점 더 가까워지고 있음을 보여주는 확실한 징후이다.

그렇다면 마지막까지 버티는 '복음의 땅끝'은 도대체 어디일까? 금세기의 선교학자들은 그 땅끝이 소련, 중국, 북한일 것이라고 지목하기도 했다. 하지만 요즘 들어 새롭게 부상하는 곳이 있다. 바로 이스라엘이다. 범위를 좀 더 넓히면 이스라엘과 그 주변을 둘러싼 중동 지역이 바로 예수님이 재림하시기 직전까지 복음을 받아들이지 않는 복음의 땅끝인 것이다.

나는 이스라엘 선교사로서 이 주장에 전적으로 공감한다. 복음이 놀랍게 확장되고 있는 오늘날에도 도저히 함락될 것 같지 않은 철옹성으로 굳게 버티고 있는 곳이 바로 이스라엘과 그 주변을 둘러싼 중동 지역이다. 그리고 그 핵심은 바로 이스라엘, 범위를 좀 더 좁히면 예루살렘이다. 바로 그 예루살렘 영공에 사탄의 참모본부, 즉 사탄의 가장 견고한 진(陣)이 있다.

예루살렘은 2000년 전 예수 그리스도를 십자가에 못 박아 죽인 사탄의 가장 악랄한 궤계가 일어난 곳이다. 그곳은 오순절 성령의 역사로 초대교회가 탄생한 곳이기도 하지만, 아이러니하게도 지금은 가장 황량한 복음의 불모지로 변해버린 곳이기도 하다. 이 지역의 복음화 비율은 한마디로 참담한 수준이다.

결국 우리가 제아무리 숨어 있는 미전도 종족을 찾아내 복음의 깃발을 꽂는다 해도 이스라엘 땅이 여전히 무주공산(無主空山)으로 남아 있다면 예수님의 재림은 그야말로 요원한 일이 되고 만다. 전쟁에서 적의 참모본부가 있는 본진(本陣)을 정복하지 못했다면 전쟁은 아직 끝난 것이 아니다. 1991년 걸프전쟁 때에도 사담 후세인을 호위하는 최정예 공화국 수비대를 궤멸시키고 나서야 비로소 전쟁이 끝이 났다.

예루살렘 영공에 견고한 진을 치고 있는 사탄! 그래서인지 성령과 영적 전쟁에 민감한 세계적인 사역자들은 하나같이 이렇게 말한다. 이스라엘 땅을 밟는 순간 이미 기도가 막히고 치열한 영적 전쟁이 시작되고 있음을 느낀다고….

전 세계 수백만 명의 크리스천들이 이스라엘로 성지순례를 온다. 그러나 그들에게는 별다른 영적 전쟁이 일어나지 않는다. 나 또한 선교지 정탐 여행으로 일주일간 이스라엘 땅을 밟았을 때는 영적 전쟁 상황을 그다지 민감하게 느끼지 못했다. 하지만 어린 두 자녀와 함께 온 가족이 뼈를 묻을 각오로 이스라엘 땅에 사역자로서 발을 내딛는 순간 치열한 영적 전쟁이 벌어졌다.

이스라엘에 도착하자마자 치러야 했던 영적 전쟁이 그 당시에는 사망의 음침한 골짜기를 걷는 것 같은 고통의 시간이었다. 그러나 이 전쟁에서 승리하고 나자 하나님은 우리 가정을 통해 예비하신 일들을 하나씩 이루어가기 시작하셨다.

한의사로
다가가다

나와 아내는 먼저 히브리어를 배우기 위해 당장 '울판'(Ulpan)이라고 불리는 랭귀지 코스에 등록했다. 장모님이 어린 두 아이들을 돌봐주셨기 때문에 아내도 시간을 낼 수 있었다. 울판은 1948년 이스라엘의 건국과 함께 중국, 아르헨티나, 에티오피아, 미국, 러시아 등 전 세계에서 귀환한 유대인들이 한데 모여 그들의 모국어인 히브리어를 배우는 곳이다. 한마디로 '전 세계의 축소판'이라 불릴 만했다.

재미난 것은 중국에서 온 유대인들은 외모만 놓고 보면 영락없는 중국인이었고, 에티오피아에서 온 유대인들은 영락없는 아프리카 흑인이라는 사실이다. 그들이 아무리 유대인이라 하더라도 조상 때부터 수백 년 동안 세계 곳곳에 흩어져 살면서 혼혈이 되었기 때문에 어느덧 외모도 현지인처럼 변해버린 것이다.

나와 아내는 틈나는 대로 울판에서 사귄 친구들을 한 명씩 집으로 초대했다. 그리고 김밥, 잡채, 떡볶이, 불고기 등 맛있는 한국 음식을 대접하며 교제를 나누었다. 예수님이 우리에게 그러셨듯이 우리도 그들과 함께 먹고 서로 나누고 싶었기 때문이다.

우리가 초대했던 사람들 중에 잉그리드라는 아르헨티나 출신의 유대인 자매가 있었다. 그녀는 정통파 종교인 부모 밑에서 자라났는데도 완전한 세속주의자였고, 여느 유대인들처럼 기독교인들을 무척 싫어했다. 하지만 우리 가정을 방문할 때면 알 수 없는 사랑을 느낀다고 고백했다.

우리는 그렇게 초기 2년간은 사역에 대한 욕심을 내려놓고 오로지 언어 훈련에만 매진하고자 마음먹었다. 이것은 선교 훈련을 받을 때 귀가 따갑게 들었던 가르침이기도 했다. 괜히 언어도 안 되는 상태에서 사역부터 하겠다고 초기 2년을 어정쩡하게 보내면, 이후 사역에 더욱 집중해야 할 때 언어 때문에 고전하게 되는 것이다.

하지만 이런 나의 계획은 전혀 예기치 않은 상황 때문에 틀어져버렸다. 매일 5시간씩 주 5회 공부하는 히브리어 인텐시브 코스는 집에서도 적지 않은 시간을 투자하여 복습해야 간신히 따라갈 수 있을 정도였다. 그런데 한국에서 한의사가 왔다는 소문을 들은 한인들이 치료를 받기 위해 나를 찾아왔고, 나중에는 한인들로부터 소개를 받은 유대인들까지 몰려오게 되었기 때문이다.

이스라엘은 중국과의 오랜 외교 관계로 침술에 대한 인지도가 무척 높았고 자체적으로 2년 코스의 한의과 대학도 세 곳이나 있었다. 하지만 유대인들은 유대인 한의사의 실력을 그다지 신뢰하지 못했다. 그래서 그런지 한의학의 본고장이라고 할 수 있는 한국에서 정통 한의사가 왔다는 소식을 들은 유대인들이 존경심과 경외심(?)을 안고 나를 찾아온 것이다.

그런데 이렇게 환자들을 치료해주다보면 그날그날 해야 할 숙제도 제대로 하지 못하는 날이 많이 생겼다. 초반의 계획이 틀어지자 나는 마음이 어려워졌다. 그래서 이 문제를 놓고 하나님의 뜻을 구했을 때 하나님은 내게 이런 마음을 부어주셨다.

"네가 선교사요 사역자이기 이전에 한의사가 아니냐? 의사가 어떻게 자신을 찾아오는 환자를 뿌리칠 수 있겠느냐?"

나는 주님의 말씀에 순종하여 환자 치료와 울판 과정을 병행해나갔다. 그런데 이 과정에서 하나님은 예기치 않은 축복을 주셨다. 히브리어 수업을 끝내고 난 뒤 집으로 찾아온 유대인 환자들을 진료하기 위해 유대인들과 대화하는 가운데 울판에서 배운 히브리어를 날마다 실습하고 적용하다보니 히브리어 실력이 일취월장하게 된 것이다. 비록 간단한 회화이지만, 나는 이스라엘에 온 지 두 달 만에 시청에 가서 용무를 볼 수 있을 정도로 히브리어를 구사하는 단계에 이르렀다.

모든 외국어 공부가 그렇듯이 교실에서만 배우는 공부는 반쪽짜리밖에 되지 않는다. 나머지 반쪽은 교실에서 배운 수많은 어휘와 표현들을 현지인과 섞여 살면서 실제로 써보아야 한다. 내게 그런 소중한 기회가 자연스레 주어졌던 것이다.

유대인 환자들을 돌보았을 때 주신 하나님의 축복은 단지 히브리어 실력이 자라나는 데만 있지 않았다. 한국인으로서 이스라엘에서 생활하다보면 어쩐지 주변을 맴도는 아웃사이더 같은 느낌을 피할 수 없다. 그런데 그들과 직접 대화하고 교제하면서 조금씩 이스라엘 사회와 그들 속으로 더 깊이 들어갈 수 있었고, 그동안 책을 통해서만 읽은 선교지 이스라엘에 대한 수많은 정보들을 폭넓게 배울 수 있는 계기가 되었다.

이스라엘에
온 이유?

그때 나를 찾아오는 환자들 중에는 예루살렘 시청 소속 청소부 다비드 코헨, 경찰청에 근무하는 말리, 보험회사 직원 다니엘 등 다양한 배경을 가진 유대인들이 있었다. 그런데 이렇게 치료를 받으러 온 유대인들이 대체적으로 반드시 하는 말들이 있었다. 그들은 서너 번 정도 방문하고 나서 조심스럽게 이런 질문을 던졌다.

"그런데 너는 도대체 이스라엘에 왜 왔니?"

그 당시 나는 환자들에게 따로 치료비를 받지 않았다. 그렇기 때문에 이들의 눈에 비친 나는 나쁜 사람 같지는 않지만 아직까지 정체를 알 수 없는 사람이었던 것이다. 그러나 유대인들이 이방인인 나에게 이런 질문을 한다는 것은 그만큼 내게 마음을 열 준비가 되었다는 의미이기 때문에 매우 긍정적인 신호였다.

이스라엘 땅에 살고 있는 유대인들은 '선인장'이라는 재미난 별명을 갖고 있다. 날카롭게 돋아난 수많은 가시를 통해 외부 세계로부터 자신을 보호하는 선인장처럼 유대인들도 그렇기 때문이다. 유대인들이 선인장처럼 자기 보호에 극도로 민감해진 것은 디아스포라, 즉 2000년 동안 나라 없는 백성으로 전 세계에 흩어져 살면서 생존해야 했던 그들만의 독특한 역사에서 비롯된 것이다.

기독교 선교 활동을 금지하고 있는 이스라엘에서, 게다가 기독교인에게 극도의 혐오감을 갖고 있는 유대인에게 무료로 침을 놓아주고 친절을 베풀었다고 무조건 환영받을 수 있는 것은 아니다. 오히려 '이 사람, 혹시 선교사 아니야?' 하는 의심만 살 수 있다. 따라서 나는 그들의 질문에 지혜롭게 답해야만 했다.

이제 겨우 내게 다가오려는 친구에게 그저 대충 얼버무리는 식으로 대답하는 것은 옳지 못했다. 그들이 갖고 있는 의구심을 한 방에 날려버릴 수 있는 그런 대답을 해야 했다.

나는 고민 끝에 이렇게 대답했다.

"히브리대학교 의과대학에 공부하러 왔어."

당시 나는 히브리어 과정을 마친 후 장기 체류를 할 수 있는 비자를 받고자 히브리대학교 의과대학 석사 과정에 등록할 계획을 갖고 있었다.

그때 그들은 다시 내게 이렇게 질문했다.

"아, 그래? 그런데 미국이나 유럽이 아니라 왜 하필 이스라엘에 온 거야? 너희 한국의 의학 수준이 그렇게 낮아?"

이 두 번째 질문이 나를 참으로 당혹스럽게 만들었다. 선교사의 신분을 드러내지 않기 위해 공부하러 왔다고 대답했지만, 이제는 실추된 국위를 선양해야만 하는(?) 추가적인 미션까지 주어졌기 때문이다. 사실 의학 공부를 위해 이스라엘로 유학 오는 경우는 인도나 아프리카, 동남아시아 같은 제3세계 출신의 학생들이 많다. 그들이 반문한 것처럼 한국 학생이 순수하게 의학을 공부하기 위해 유학한다면 당연히 미국이나 유럽으로 갈 것이다.

나는 다시 한 번 고민한 뒤에 말했다.

"한국의 의료 수준은 이스라엘과 비슷하기도 하고, 어떤 분야에서는 약간 더 높기도 해. 나는 크리스천이야. 내가 만약 의학 공부를 위해 미국이나 유럽으로 가면 학위는 딸 수 있을 거야. 그런데 이스라엘에서 공부하면 상황이 전혀 다르지. 성경의 언어인 히브리어도 배우고 동시에 학위도 따고 일석이조잖아?"

나를 심문하듯 물어보던 유대인 친구들의 얼굴에서 차츰 의심이 사라지는 것이 보였다.

복음을 전할
절호의 기회

나는 이렇게 유대인 환자들을 치료해주며 교제를 나누었다. 하지만 어느 정도 분위기가 무르익을 때쯤이면 그들은 또 다른 질문 공세로 나를 당황스럽게 했다. 처음과는 차원이 다른, 일종의 탐색전 성격을 띤 아주 심도 있는 질문이었다. 여기에는 유대인만이 느끼는 깊은 애환과 슬픔이 진하게 묻어나고, 이방인인 나와 좀 더 진지하게 이야기하고 싶다는 의도가 담겨 있었다.

"너도 우리 유대인들이 예수를 죽였다고 생각하니?"

처음 이 질문을 받았을 때 나는 당황할 수밖에 없었다. 이 친구가 내게 왜 이런 질문을 하는지 너무 잘 알았기 때문이다. 지난 2000년 동안 유대교와 기독교 사이에는 너무나 가슴 아픈 갈등과 반목의 역사가 있었다. 유대인들은 예수님이 십자가에서 죽으신 주후 1세기부터 1948년 현대 이스라엘 국가가 건국될 때까지 무려 2000년 가까이 '예수를 죽인 흉악한 민족'이라는 낙인이 찍힌 채 기독교인들로부터 핍박과 멸절의 대상이 되어왔다.

초대교회의 교부였던 요한 크리소스톰, 어거스틴, 근대의 마르틴 루터에 이르기까지, 기독교에는 "예수님을 죽인 유대인을 미워하는 것이 예수님의 원한을 갚는 것이며 하나님을 기쁘시게 하는 것"이라는 반유대주의적 사고가 깊이 뿌리내려 있다. 또 성경 속 이스라엘은 구약시대로 그 역사의 종지부를 찍었으며 오순절 성령강림으로 새롭게 태어난 이방인 교회가 '새 이스라엘' 내지 '영적 이스라엘'로 대체되었다고 하는 대체신학이 정통신학으로 굳건하게 자리 잡고 있다.

중세의 십자군은 성지를 회복한다는 슬로건 아래 모집되어 모슬렘을 미워한 것 그 이상으로 예루살렘에 남아 있던 유대인들을 집단 학살했으며, 마녀사냥으로 일컬어지는 15세기 스페인의 종교재판을 통해 수많은 유대인들이 화형장의 이슬로 사라졌다. 급기야 루터의 반유대적인 논문은 현대의 히틀러에게 600만 유대인 학살(홀로코스트)이라는 이론적 기초를 제공하게 되었다. "유대인들을 이 땅에서 근절시키지 못한 것은 우리의 과오이다"라고 쓴 루터의 글을 충실하게 실행에 옮긴 히틀러가 본격적으로 유대인의 씨를 말리는 인종 대청소 작업을 벌인 것이다.

초대교회 때부터 현대에 이르기까지 유대인의 학살은 언제나 예수의 이름으로 십자가를 앞세우며 자행되었다. 그렇기 때문에 오늘날 유대인들이 십자가를 소름 끼쳐 하고 기독교를 몸서리치게 싫어하는 것은 어찌 보면 당연한 일인지 모른다. 이처럼 사랑과 용서를 가르치는 기독교의 배후에 유대인을 향한 피비린내 나는 증오와 학살이라는 아픔의 역사가 있다는 것을 알고 있는 성도들은 그리 많지 않다.

나는 유대인 친구들의 두 번째 질문을 받고, 무려 2000년 가까이 핍박을 당하며 유리방황한 유대인들이 기독교에 대해 갖는 피해의식과 그 상처의 깊이가 얼마나 될까 생각해보았다. 36년간 일제 식민통치를 받은 우리도 아직 그 상처와 원한이 치유되지 않아 일본만 생각하면 치가 떨려 한다. 축구든 야구든 일본을 상대로는 악으로든 깡으로든 무조건 이기려고 한다. 36년의 핍박을 받은 우리도 이처럼 감당하기 힘든 상처와 원한이 남아 있는데, 무려 2000년의 세월 동안 쌓이고 쌓인 유대인들의 상처와 한(恨)의 깊이가 어느 정도일지는 아마 우리의 상상을 초월할 것이다.

이런 생각을 해보았는데도 불구하고 나는 유대인 친구들의 질문에 주저할 수밖에 없었다. 그들이 왜 그런 질문을 하는지 잘 알기 때문에 마음이 더 저미고 시렸다. 그러나 그들의 질문에 대답하려니 참으로 난감했다. 나는 슬픔으로 가득 찬 것만 같은 유대인 친구의 눈을 바라보며 한참을 고민했다.

'도대체 뭐라고 대답해야 할까? 그렇다고 인정해버리면 이제 겨우 열린 이 친구의 마음 문이 싸늘하게 닫혀버릴 테고, 그렇지만 그렇지 않다고 하는 것도 분명 옳지 않은 대답인데….'

이러지도 저러지도 못하고 완전히 코너에 몰린 느낌이었다. 나는 하나님께 기도했다. 그때 하나님은 불현듯 내게 이런 마음을 주셨다.

'지금이야말로 네 앞에 있는 유대인 친구에게 복음을 전할 수 있는 절호의 기회야!'

사실 유대인 친구들이 던진 질문은 "예수님이 왜 십자가에 죽으셨는가?"라는 신학적인 질문이다. 그 질문에 대한 대답이야말로 복음의 진정한 핵심이었다. 그 순간 전기에 감전된 듯 하나님이 부어주시는 지혜와 깨달음이 몰려왔다.

유대인에게
용서를 구하다

나는 짧은 히브리어와 영어를 섞어가며 "예수님이 왜 십자가에 죽으셨는가?"라는 신학적인 주제, 복음의 핵심인 이 주제에 대해 다음과 같이 세 단계로 나누어서 설명했다.

"첫째, 유대인들은 예수님을 로마 군병들에게 넘겨주었고, 로마 군병들이 예수님을 십자가에 못 박아 죽였어. 따라서 예수님이 십자가에 죽으신 것은 엄밀하게 말하면 유대인과 로마인의 합작품이지. 그런데 너희 유대인들이 2000년간 '예수를 죽인 흉악한 민족'이라는 낙인이 찍혀 엄청난 고통을 당한 데 비해, 이탈리아 사람들이 역사적으로 아무런 정죄를 받지 않은 것은 분명히 공평하지 않아.

둘째, 예수님이 십자가에서 죽으신 것은 바로 너와 나를 포함한 모든 인류의 죄를 대속하기 위한 죽음이었어. 그러니까 예수님을 십자가에 죽인 것은 유대인이나 로마인에게만 국한되는 것이 아니야. 바로 나의 죄 때문에, 즉 내가 예수님을 죽인 거야.

셋째, 예수님을 그렇게 십자가에 매달려 죽게 하신 것은 창세전에 온 인류의 구원을 계획하신 하나님의 뜻에 따라 정해진 거야. 결국 하나님께서 예수님을 십자가에 내어주신 것이지."

내가 열변을 토하자 유대인 친구들은 당황하고 어리둥절해하는 기색이 역력했다. 그동안 그들이 유럽에서 만났던 크리스천들은 "유대인은 곧 예수님을 죽인 민족"이라는 공식을 내세워 줄기차게 핍박하기만 했는데, 저 멀리 한국에서 온 크리스천이 뭔가 그럴듯한 논리로 예수님의 죽음을 설명하고 있었기 때문이다.

그 순간 하나님은 내게 유대인 친구들에게 용서를 구하라는 마음을 주셨다. 나는 그들의 손을 잡고 진심으로 용서를 구했다.

"우리 기독교인들이 너희 유대인들에게 너무 오랫동안 심한 고통을 안겨주어서 정말로, 정말로 미안하다."

그러자 유대인 친구들이 당황한 얼굴로 이렇게 반문했다.

"너희 한국 사람들은 우리 유대인들을 한 번도 괴롭힌 적이 없는데 왜 네가 우리한테 용서를 구해?"

그렇다. 한국의 크리스천들은 유대인들을 핍박한 적이 없다. 우리 중에는 유대인들이 기독교인들에 대해 아픔을 가지고 있다는 것도 모르는 경우가 많다. 한국 기독교인들에게 유대인이라고 하면 특별한 자녀 교육법을 가진 민족, 노벨상을 많이 타고, 미국 아이비리그에 합격률이 높은 민족이라고 아는 것이 전부이다.

유대인들에게 행한 기독교인들의 죄는 어찌 보면 유대인들과 질리도록 섞여 살아야만 했던 유럽 기독교인들의 소행이다. 하지만 우리가 부모님으로부터 유산을 물려받을 때 자산과 함께 부채까지 받는 것처럼, 우리에게 복음을 전해준 서구 기독교인들로부터 복음의 빚과 은혜를 받았다면 그들의 잘못과 실수 또한 우리의 것으로 떠안아야 할 것이다.

조심스럽게 열린
전도의 문

한국에서는 침보다 한약을 위주로 치료한다. 그러나 이스라엘에서는 한약의 활용이 용이하지 않다. 유대인들이 쓰디쓴 한약을 먹지도 않을뿐더러 침술은 치료로 인정하지만 한약은 건강식품 정도로밖에 인식하지 않기 때문이다. 나는 이스라엘에서 침술을 통해 환자들을 치료했다.

침술을 통해 복음을 전하기 위해 노력하던 그때, 침술에 대한 오해를 받아 난감한 적도 있었다. 내가 하는 침술이 뉴에이지(new age) 치료가 아니냐는 것이다. 이스라엘 사회에서는 뉴에이지가 거의 신드롬이라 할 정도로 기승을 부렸다. 각종 테러와 전쟁이 끊이지 않다보니 유대인들은 뉴에이지 계통의 요가, 명상, 기공 등으로 마음의 안식을 찾고자 했고, 여기에 심취한 사람들이 많아지면서 정기적으로 뉴에이지 페스티벌까지 열리고 있었다. 그러다보니 이스라엘 교회의 리더십들도 뉴에이지에 대한 경각심을 가지고 있었다. 내가 다니던 유대인 교회에서도 내가 하는 침술이 뉴에이지 치료가 아닌지 물어온 적이 꽤 많았다.

당시 텔아비브에 사는 조야라는 친구도 내게 전화하여 이 고민을 털어놓았다. 그는 러시아에서 귀환한 유대인으로 마사지와 침술을 병행하여 치료하는 클리닉을 운영하면서 복음도 전하는 참으로 귀한 기독교인이었다.

그런데 조야가 다니는 유대인 교회에서 그가 하는 치료법이 뉴에이지 치료법이고 비성경적이니 절대 그곳에 가지 말라고 부추기는 바람에 곤란을 겪게 되었고, 자기 직업에 대한 비전을 가지고 열심히 사명을 감당하던 조야는 몹시 낙심해 있었다.

나 역시 겪었던 일이었기에 나는 그 일로 힘들어하는 조야가 안쓰러웠다.

나는 그를 다독이며 이렇게 설명해주었다.

"조야, 침술은 현대의학이 발달하기 이전에 하나님께서 중국 사람들을 통해 주신 무척 요긴한 치료법이야. 물론 동양의 음양오행 이론에 기초하고 있지만, 그 출발부터 하나님을 대적하기 위해 생겨난 뉴에이지 사상과는 전혀 달라. 침술은 가치중립적인 도구일 뿐이지. 누가 칼을 들고 이것이 성경적인지 비성경적인지 묻는다고 생각해봐. 어떻게 대답해야 하지? 강도의 손에 들린 칼은 사람을 죽이는 흉기가 되지만 요리사의 손에 들린 칼은 훌륭한 조리 도구가 되는 것처럼 침술도 마찬가지야."

나는 조야가 하는 사역을 마음껏 축복해주었다.

하나님은 내가 언어 훈련을 받는 동안 유대인 환자들을 지속적으로 보내주셨으며 선교가 자유롭지 않은 이스라엘에서 조심스럽게 전도의 문을 열어가셨다. 일단 내가 환자에게 침을 놓으면 그 침을 뽑을 때까지 20분 내지 30분 동안 그들은 꼼짝없이 누워 있어야만 했다. 바로 그 시간이 하나님이 내게 온전히 맡겨주신 시간이었다.

처음에 나는 가족관계에 대해 물으며 가볍게 말문을 텄다. 자연스럽게 이야기를 나누며 어느 정도 분위기가 무르익을 때 그들은 예외 없이 내게 두 가지 질문을 던졌다.

"너 도대체 이스라엘에 왜 왔니?"
"너도 우리 유대인들이 예수를 죽였다고 생각하니?"

그러면 나는 그 이유에 대해 설명하고 그들에게 용서를 구했다. 그렇게 나는 유대인 환자에게 침을 놓으며 복음을 전했다. 그랬다. 이것이 하나님께서 나를 전문인 선교사의 길로 인도하신 이유였다!

이스라엘은 그 특수성 때문에 목회자 선교사로 나갔을 때 다른 지역에서처럼 효과적인 사역을 펼쳐나가기 힘든 곳이다. 복음을 한 번도 들어보지 못한 미전도 종족과는 상황이 전혀 다르다. 유대인은 하나님께서 열방 중에서 자기 민족을 선택하셨고 또 율법의 말씀을 주셨다는 선민의식으로 똘똘 뭉친 민족이다. 그렇다보니 아무리 목회자라고 해도 이방인인 것은 매한가지라서 막상 유대인들에게 복음을 전하려고 하면 그들은 무척 떨떠름한 표정을 짓는다.

유대인들은 기독교를 몸서리치게 싫어하고 선교사라고 하면 아주 학을 뗀다. 따라서 길거리에서 불특정 다수를 대상으로 노방전도를 하는 것은 심각한 부작용을 초래하기 쉽다. 전도를 목적으로 무차별 배포하는 신약성경도 유대인들에게는 금서요 저주스런 책이기 때문에 대부분 그대로 쓰레기통에 버려진다.

이런 이스라엘의 선교적 상황에서 내가 하는 침술은 유대인들과 관계를 맺을 수 있는 효과적인 접촉점이 되어주었다. 내가 만약 한의사가 아니라 일반 의사였다 해도 상황은 많이 달라졌을 것이다. 여타의 선교지들이 대부분 의료 수준이 열악한 제3세계인 것에 비해 이스라엘의 의료 수준과 보험 체계는 세계에서도 첨단을 자랑한다. 그렇기 때문에 한의사로서의 특수한 나의 재능은 이방인 사역자가 이스라엘 사회에 침투할 수 있는 효과적이고 전략적인 무기가 될 수 있었던 것이다.

최초로 내게 찾아온 유대인 환자의 이름은 다비드 코헨이었다. 그는 예루살렘 시청에 소속된 청소부로 평소 불면증으로 고생하고 있었다. 다비드는 매주 두 차례 치료를 받으러 오는데, 내가 치료비를 받지 않자 치료를 받으러 올 때마다 쌀을 비롯해 여러 선물을 가지고 오곤 했다.

한번은 오랜 기도와 준비 끝에 유대인 전도자 라헬과 함께 다비드에게 복음을 전했다. 무려 두 시간에 걸쳐서 영적 혈투가 벌어졌다. 다비드는 앉았다 일어났다 하거나 방을 들락날락하기를 반복했다. 하지만 선포된 복음 앞에 두려움과 호기심이 생겼는지 주일에 있는 다니엘서 성경공부 모임에 오기로 약속하고 집으로 돌아갔다. 그러나 다음 날 치료를 받으러 온 다비드는 복음을 들은 지난 밤에 너무 두려운 나머지 한숨도 못 잤다고 털어놓으며 자신은 '코헨'(제사장)의 피가 흐르는 가문이기 때문에 절대 예수의 이야기를 들을 수 없다면서 내게 양해를 구했다.

한인들의 소개로 온 경찰관 말리도 유대인 환자 중 한 명이었다. 40대 노처녀인 그녀는 우리 가정을 무척이나 아껴주었는데, 그래서 아직까지도 기억에 남아 있다. 그녀는 메노 목사님이 인도하시는 다니엘서 성경공부에도 참석하고, 요셉 슐람 목사님이 시무하는 네티비야교회에서 예배를 드리기도 했다. 그러나 그때마다 이라크 랍비 출신인 아버지의 반대에 부딪쳐 중단되곤 했다.

나는 언어 훈련과 더불어서 유대인 환자들을 치료하고 그들과 교제하면서 부족하지만 짧은 히브리어만으로 복음을 전했다. 그리고 때로는 열정적인 유대인 사역 팀과 동역하며 조심스럽게 복음의 씨앗을 뿌렸다. 하지만 오랜 시간 기독교인들로부터 받은 상처 때문에 마음밭이 길가와 같이 굳어져 있는 유대인들에게서 당장은 열매를 볼 수 없었다.

그럼에도 불구하고 나는 낙심하지 않고 때를 얻든지 못 얻든지 담대히 복음의 씨앗을 뿌렸다.

너는 말씀을 전파하라 때를 얻든지 못 얻든지 항상 힘쓰라 범사에 오래 참음과 가르침으로 경책하며 경계하며 권하라 딤후 4:2

다시 학생으로 돌아가다

자신 있던 공부를 통한 낮추심

성경에 대한 논쟁을 벌이다

치유자 되시는 하나님

유대인들을 얻기 위한 전도 전략

재정 위기가 불러온 가정의 위기

하나님의 뜻은 뭔가요?

이스라엘 광야를
통과하다

다시 학생으로
돌아가다

한국과 이스라엘 간에 맺어진 비자 협정으로 한국인에게는 이스라엘 입국과 동시에 자동으로 3개월 관광 비자가 주어진다. 그렇기 때문에 그 이후 장기 체류를 하려면 정식으로 학교에 등록하고 학생 비자를 받아야만 한다. 관광 비자가 만료되고 울판 과정으로 비자를 한 번 갱신한 나는 안정적인 학생 비자로 전환하기 위해 히브리대학교 의과대학 석사 과정으로 지원서를 냈다.

각 교실의 책임 교수님들에게 모두 자기소개서를 보내고 난 뒤 초조하게 답변을 기다리고 있을 때, 메일 하나가 도착했다. 세포생리학 교실의 책임 교수님인 아셀 오노이 교수님이 나를 학생으로 받아준 것이다. 그런데 막상 학교에 등록하려고 보니 문제가 있었다. '석사 과정'이 아니라 '석사 준비 과정'인 것이 아닌가.

요컨대 한국에서 공부한 6년의 과정은 히브리대학교 의과대학의 커리큘럼과 많이 다를 뿐만 아니라 이미 배운 과목이 있더라도 벌써 10년이나 흘러 학문이 많이 바뀌었으니 우선 소정의 준비 과정부터 이수하라는 뜻이었다. 정식으로 석사 과정에 등록하기 위해서는 한국에서 전혀 배우지 않은 면역학, 분자생물학을 포함해서 총 7개 과목으로 27학점을 이수해야 했다.

또 다른 문제도 있었다. 대체로 석박사 과정의 수업은 시험을 보지 않고 세미나 발표나 페이퍼로 점수가 주어진다. 그런데 석사 준비 과정의 7개 과목은 모두 학부 과목이기 때문에 학부생과 함께 수업을 듣고 중간고사와 기말고사까지 모두 봐야 한다. 게다가 정식으로 석사 과정에 등록하기 위해서는 모든 과목에서 무조건 75점 이상을 받아야 한다는 조건이 있었다. 다시 말해 만약 한 과목에서 74점을 받았으면, 나머지 과목 모두 100점을 받아도 자동 탈락이 된다는 말이다.

'내가 과연 석사 준비 과정을 끝내고 본 과정으로 올라갈 수 있을까?'

나는 갑자기 하늘이 노래지는 것을 느꼈다. 솔직히 이 조건을 충족

시킨다는 것이 내게는 거의 미션 임파서블이었다. 이것은 마치 한국에 유학 온 외국인이 1년간 언어를 배운 다음 서울대학교 의과대학에서 수업을 듣는 것과 같다. 당시 내가 처한 상황이 정확히 그랬다.

게다가 아셀 교수님은 매일 실험실에 나와 자신이 하는 연구 프로젝트에 참여하라는 추가적인 미션까지 주었다. 나는 이 미션을 감당할 수 있을지 테스트하기 위해 첫 학기에 한 과목만 신청한 후 아셀 교수님의 '임신 중 당뇨가 기형아 출산에 미치는 영향'에 대한 연구 프로젝트에 참여했다. 히브리대학교 학생으로서의 새로운 생활은 이렇게 엄청난 부담과 두려움을 안고 시작되었다.

예상은 했지만 새롭게 시작된 학생으로서의 생활은 내가 따라가기에 결코 수월하지 않았다. 울판에서 히브리어를 배우는 것과 학교에서 히브리어로 수업을 듣는 것은 하늘과 땅 차이였다. 한 번도 들어본 적 없는 전문 용어를 사용하며 빠르게 진행되는 의대 수업은 도통무슨 말을 하는지 알아들을 수 없어서 자리에 앉아 있는 것만으로도 고역이었다.

특히 한 과목을 1년 동안 공부하는 한국과 달리 이스라엘에서는 1학기에 모두 마치기 때문에, 수업 시간에 나가는 진도의 양이 어마어마했다. 다른 학생들은 열심히 필기하면서 많은 양을 정확히 소화했지만, 나는 그저 교수님만 멀뚱멀뚱 바라볼 뿐이었다. 수업이 토론으로 진행될 때도 참여하기는커녕 그 내용을 거의 이해하지 못했다.

나는 수업 시간 내내 교실 맨 뒷자리에 앉아 한숨만 푹푹 쉬어대며 앞날을 염려했다.

'과연 내가 이 과목을 통과할 수 있을까?'

시험 유형이 철저히 객관식이라는 데 더 마음이 어려웠다. 차라리 서술형 시험이라면 아는 만큼만 쓴다고 하지만, 객관식 시험은 답을 확실히 알지 못하면 맞추는 게 불가능했다. 답이 하나가 아니라 여러 개 고르는 문제가 많아 어림잡아 알아맞히는 것은 생각도 할 수 없었다.

히브리 의대에서 각 과목당 학생들의 평균 점수는 대략 60점에서 65점 정도였다. 유대인들도 이런 점수를 맞는데, 수업을 전혀 따라가지 못하는 내가 각 과목에서 75점 이상의 점수를 맞는다는 게 과연 가능한지, 하루에도 몇 번씩 포기하고 싶은 생각뿐이었다.

나는 아내에게 이런 내 심정을 수도 없이 토로했다.

"여보, 아무래도 학생으로 비자 받는 것은 깨끗이 포기해야 할 것 같아. 차라리 지금 당장 다른 쪽을 알아보는 게 어떨까?"

이스라엘에서도 침술이 인기가 있으니 취업 비자를 받는 것도 가능하지 않을까 싶었기 때문이다. 하지만 이스라엘에도 이미 한의과 대학이 세 군데나 있어서 유대인 한의사들이 충분히 공급되었기 때문에 외국인에게까지 취업 비자를 준다는 것은 솔직히 불가능한 일이었다.

아내는 재시(再試)를 볼 수 있는 기회가 있으니까 마지막까지 최선을 다해보고 그래도 안 되면 그때 가서 결정하자고 했다.

"일단 하는 데까지 죽을힘을 다해 해봐요. 기도할게요."

나는 매일같이 들리지도 않는 수업을 듣기 위해 노력해야 했고, 실험실에 가서 매일 주어지는 실험 분량과 매주 연구 발표해야 하는 최신 논문을 붙들고 씨름해야 했다.

물론 이런 삶은 내가 이스라엘에서 감내해야 하는 과정이었다. 그러나 시간이 가면 갈수록 더 힘들기만 했다. 나는 모두 돌아가고 혼자 남은 실험실에서 나의 상황을 한탄했고, 특히 재시 준비를 할 때는 실험실 창밖으로 보이는 헤르쩰 산을 바라보며 참 많이 울었다.

그때 나는 알게 되었다. 이것이 나를 낮아질 수 없는 곳까지 철저히 낮추시는 하나님의 혹독한 훈련의 시간임을….

네 하나님 여호와께서 이 사십 년 동안에 네게 광야 길을 걷게 하신 것을 기억하라 이는 너를 낮추시며 너를 시험하사 네 마음이 어떠한지 그 명령을 지키는지 지키지 않는지 알려 하심이라 신 8:2

자신 있던
공부를 통한 낮추심

나는 공부 하나는 자신 있었다. 한국에서도 그랬고 또 이스라엘에서도 절대 뒤처지지 않을 거라는 자부심이 있었다. 이스라엘에 오자마자 울판에 등록해서 히브리어를 공부하는 1년의 기간은 내게 정말 신나고 행복한 시간이었다. 그런데 이것이 어느덧 교만이 되어버렸던 것 같다.

모두 다 포기하고 싶었던 그때, 내가 붙잡을 수 있는 분은 오로지 하나님뿐이었다. 하나님이 잠시라도 한눈을 파셨다면 광야를 지나는 이스라엘 백성들이 주려 죽거나 목말라 죽을 수밖에 없었던 것처럼 나 또한 그랬다. 하나님께서 나를 단련하고 시험하시던 그때 오직 하나님만 붙들고 나아갔을 때, 하나님은 필요한 도움의 손길을 붙여주셨다. 시험을 볼 때마다 친절한 학생을 한둘씩 붙여주서서 깨끗하게 정리된 필기 노트를 얻어 공부할 수 있도록 해주셨고, 이해가 안 되는 부분은 실험실에서 함께 일하는 친구를 통해 수시로 과외를 받을 수 있게 해주셨다.

그렇게 나는 하나님의 은혜로 이스라엘에 있던 대부분의 시간을 석사 준비 과정, 석사 과정, 박사 과정의 학생 신분으로 안정적으로 비자를 갱신할 수 있었다.

하나님은 그리 쉽지만은 않았던 그 시간들을 통해 많은 축복을 허락하셨다. 우선 매일 학교와 실험실에서 유대인들과 생활하다보니 히브리어에 익숙해졌다. 울판에서 배운 히브리어가 이제는 어느덧 몸으로 느낄 수 있는 언어가 되어 대화도 수월하게 할 수 있게 되었다. 심지어 꿈에서도 히브리어로 말할 정도였다. 나는 점점 이스라엘 사회의 중심으로 편입되고 있었다.

말로만 듣던 유대인 교육을 삶에서 직접 경험하게 된 것 또한 하나님이 우리 가정에 주신 커다란 축복이었다. 두 아이는 시간이 흐르면서 이스라엘 유치원과 초등학교, 중학교에 다녔다. 한인들이 모여 사는 동네와는 멀리 떨어져 있다보니 아이들은 유치원 때부터 유일한 한국인을 넘어 유일무이한 동양인이었다. 유별나게 눈이 큰 유대인들에 비해 눈이 작고 옆으로 째진 눈매 때문에 아이들은 자주 중국인이

라고 놀림을 받았다. 그런데도 꿋꿋하게 학교생활에 적응하며 친구
도 잘 사귀고 잘 자라주었다.

이스라엘에서는 선생님이 일방적으로 지식을 가르치고 학생들이 그
것을 암기해서 시험을 보는 식의 주입식 교육은 이루어지지 않는다.
유대인들의 교육 방법은 한마디로 토론식 교육이다. 이 토론식 교육
은 유치원 때부터 시작된다. 이스라엘의 유치원에서는 선생님이 아이
들을 모아놓고 늘 질문을 던짐으로써 학생들의 창의적인 대답을 유
도한다.

이스라엘 속담에 "샬로쉬 예후딤, 아르바 데오트"라는 말이 있다.
세 명의 유대인이 있으면 네 가지 의견이 나온다는 말이다. 토론식 교
육에 익숙한 유대인들은 저마다 자신만의 확고한 의견이 있으며 이것
을 관철시키는 자신만의 논리로 늘 무장되어 있다. 그중에는 확실히
창의적인 의견이 있게 마련이다. 그렇기 때문에 세 명의 유대인이 의견
을 말하면 세 가지 의견이 아니라 네 가지 의견이 나온다고 하는 것
이다.

아무래도 공부 자체가 암기 위주의 주입식이 아닌 그룹별 토론과
발표와 연구 위주여서 그런지 이스라엘 학교에서는 숙제나 시험공부
에 짓눌려 스트레스를 받는 학생을 거의 찾아볼 수 없다. 심지어 나는
우리 아이들의 시험 기간이 언제인지도 모를 정도였다.

학력 위주의 사회, 과도한 교육열, 암기 위주의 주입식 교육, 선행학

습, 불야성을 이루는 학원가, 무너진 공교육, 오로지 대입을 목표로 한 무한경쟁은 한국 교육의 뼈아픈 현주소이다. 한국의 이런 교육 상황을 알기에 나는 이스라엘의 교육 시스템이 그야말로 별천지로 느껴졌다.

나 또한 히브리대학교에서 공부할 때 유대인 교육의 힘이 무엇인지 몸소 체험했다. 보통 한국에서는 의대 수업이 대부분 암기 과목이라고 여겨져서 시험공부를 할 때 누가 더 빨리 더 많은 분량을 암기하는지가 중요하다. 그런데 이스라엘에서는 시험 자체가 오픈 북(open book)일 때가 많고 그만큼 창의적이고 논리적인 사고력을 요하는 문제가 출제된다. 일례로 나는 한국에서는 단순 암기 과목이던 생화학 시험이 이스라엘에서는 오픈 북 시험이라는 데 놀라지 않을 수 없었다. 하지만 그런 오픈 북 과목 시험에서 도저히 점수를 얻지 못하는 나 자신을 보면서 내가 얼마나 암기와 주입식 교육에 젖어 있는지 깨닫게 되어, 창의적이고 논리적인 사고력을 묻는 그들의 의대 공부와 시험에서조차 도저히 넘기 힘든 벽이 느껴져 처절히 절망했다.

시험 기간에 삼삼오오 모여서 묻고 토론하던 학생들의 모습은 지금도 인상 깊게 남아 있다.

성경에 대한
논쟁을 벌이다

나는 실험실에서 틈나는 대로 성경을 읽었다. 친구들은 이런 나의 모습이 신기했는지 이런저런 질문을 하며 관심을 보였다. 마치 그들에게는, 성경은 우리 유대인들의 책인데, 이방인인 내가 자기들보다 더 열심히 성경을 읽는 것이 무슨 구경거리라도 되는 듯했다.

한번은 실험실에서 성경을 읽는 내 모습을 꾸준히 지켜보던 지도교수님과 성경을 주제로 열띤 논쟁을 벌인 적이 있었다. 논쟁의 주제는 이사야서 7장 14절 말씀이었다.

그러므로 주께서 친히 징조를 너희에게 주실 것이라 보라 처녀가 잉태하여 아들을 낳을 것이요 그의 이름을 임마누엘이라 하리라 사 7:14

이사야서 7장은 유다의 아하스 왕 통치기에 북이스라엘과 아람 연합군이 유다를 공격해오던 상황을 배경으로 하고 있다. 이때 아하스는 앗시리아에 군사 원조를 요청하려고 했고, 이사야 선지자는 이런 아하스 왕을 급히 찾아가 국가적인 위기 앞에 외교적인 해결책보다는 전능하신 하나님을 의지해야 한다고 권면했다. 이사야 선지자는 갈팡질팡하는 아하스 왕에게 도저히 믿음이 생기지 않으면 하나님께 직접 징조를 구해보라고 했다. 이때 하나님이 보여주신 징조가 바로 구약성경에서 가장 유명한 임마누엘의 예언이다.

이 말씀은 기독교인들에게 '예수 그리스도의 동정녀 탄생'과 관련된 유명한 예언의 말씀으로 여겨진다. 하지만 유대인들은 이 말씀을 전혀 다르게 해석한다. 유대인 랍비들은 기독교인들이 단골로 인용하는 이 예언의 말씀을 오히려 예수님이 로마 군병과 마리아 사이에서 태어난 사생아임을 보여주는 말씀으로 억지 해석하고 오랜 세월 동안 그렇게 가르쳐왔다.

이처럼 이사야서 7장 14절 말씀에 대한 유대교와 기독교의 해석이 극단적으로 다른 것은 이 세상에 엄연히 존재하는 두 종류의 서로 다른 처녀의 뜻에서 기인한다.

육체적인 처녀 : 남자와 성적(性的)인 경험이 없는 여자

법적인 처녀 : 결혼식을 치르지 않은 여자

요즘은 처녀도 버젓이 애를 낳는 세상이다. 여기에서 말하는 '처녀'는 "법적인 처녀"를 의미할 것이다. 이사야서 7장 14절 말씀의 해석에서 핵심은 처녀라는 단어의 히브리어 원어인 '알마'에 있다. '알마'는 육체적인 처녀보다는 법적인 처녀에 가깝다. 히브리어에서 육체적인 처녀를 의미할 때는 '베툴라'라는 단어를 쓴다. 따라서 두 종류의 처녀와 관련된 히브리어 단어의 뉘앙스를 알 때 이 말씀에서 예수님을 사생아로 해석하는 유대인 랍비들의 근거를 어느 정도 이해할 수 있다.

이들의 논리대로 하면 결혼하지 않은 여자(알마)가 애를 낳았다는 것이다. 유대인 랍비들은 여기에 덧붙여서 마리아가 이름 모를 로마 군병과 정을 통했고 그사이에서 태어난 사생아가 예수라는 식으로 억지 해석을 하고 백성들에게 그렇게 가르쳐왔다. 물론 이런 가르침은 기독교와 유대교 사이에 있었던 오랜 갈등과 반목으로 인해 생겨난 것이다. 유대인들은 그들의 성경 선생인 랍비들로부터 오랜 세월 동안 이렇게 교육받아 왔기 때문에 '예수는 곧 사생아'라는 공식이 무의식 속에 새겨져 있다.

나는 지도교수님으로부터 이런 공격을 받고 적지 않게 당황했다. 그들의 논리에 넘어가지는 않았지만, 그렇다고 해서 처음 들어보는

이런 주장에 맞설 만한 나만의 논리도 없었기 때문이다. 지도교수님에게서 쉴 새 없이 공격을 받은 그날, 나는 집에서 히브리어 성경과 관련된 주석들을 열심히 찾아보았다. 반박할 만한 논리를 만들어 이튿날 재토론을 벌일 참이었다.

그러면서 재미난 사실을 발견했다. 70명의 유대인 랍비들이 주전 3세기쯤에 당시 세계 공용어인 헬라어로 번역한 70인역 성경에서는 이사야서 7장 14절에 나오는 '처녀'를 "육체적인 처녀"를 의미하는 '파르테노스'를 정확히 사용하고 있다는 것이었다.

법적인 처녀가 아이를 낳는다는 것은 자칫 불륜으로 오해를 살 수도 있다. 또 전후 문맥을 볼 때 하나님이 그런 황당한 상황을 징조랍시고 보여주실 리가 없다. 처녀가 아이를 낳는 것이 징조가 되려면 그 처녀는 육체적인 처녀, 즉 남녀 간의 성적인 접촉이 없는 동정녀 탄생이 되어야만 하나님만이 보여주시는 특별한 징조가 되는 것이다.

그래서 주전 3세기에 70인역 성경을 번역한 유대인 랍비들은 공통적으로 히브리어에서는 애매할 수 있는 '알마'를 '파르테노스'라는 구체적인 헬라어 단어로 번역한 것이다. 즉, 오늘날의 유대인 랍비들이 주장하는 논리들은 주후 1세기 이후 유대교와 기독교의 관계가 험악해지면서 생겨난, 다분히 악의적인 해석임이 분명했다.

이튿날 나는 이것을 가지고 지도교수님과 재토론을 했고, 이번에는 교수님이 아무 말도 하지 못하는 상황이 되었다. 물론 이런 토론과 논쟁을 통해서 교수님이 당장 예수님을 영접하는 기적은 일어나지 않았다. 하지만 아무리 작은 물방울이라도 끊임없이 떨어질 때 바위를 뚫을 수 있듯이, 나는 내가 할 수 있는 작은 믿음의 시도를 통해 언젠가 하나님께서 행하실 기적들을 소망하며 기대하게 되었다.

그날 이후로도 성경을 주제로 한 토론이 심심치 않게 이루어졌다. 그러나 무엇보다 중요한 것은 내가 성경을 수시로 봄으로써 교수님과 친구들이 나를 신실한 기독교인으로 인정해주었다는 것이다.

치유자 되시는
하나님

메이탈이라는 친구와 친하게 지내게 된 것은 놀라운 하나님의 은혜였다. 사실 메이탈과 가까워진 특별한 계기가 있다. 바로 내가 그녀의 어머니를 치료해주면서부터였다. 당시 메이탈은 침술에 대해 호기심을 가지고 있었고 실험실에서 꾸준히 교제하면서 자연스럽게 내게 고민을 털어놓았는데, 이때 메이탈의 어머니가 간호사로 일하면서 10년 넘게 편두통으로 고생하는 것을 알게 되었다.

내가 학교생활을 하며 애를 먹을 때 메이탈은 매번 친절히 나를 도와주었다. 그래서 이번에는 나도 그녀에게 도움이 되었으면 하는 마음에 어머니를 모시고 우리 집에 한번 오라고 했다. 메이탈이 어머니와 함께 우리 집을 방문했을 때 나는 성심성의껏 메이탈의 어머니를 진단했다. 메이탈의 어머니는 전형적인 소양인이었다. 그래서 나는 소양인 체질에 맞는 침을 좌우에 네 개씩 총 여덟 개를 놓았다.

그런데 이때 놀라운 일이 일어났다. 침을 맞자마자 편두통이 상당히 호전된 것이다. 그리고 이후로 세 번 정도 침을 더 맞자 그동안 편두통으로 항상 달고 다니던 진통제를 끊을 수 있게 되었다. 내가 즐겨 사용하는 사상체질에 따른 사암침 요법은 정확한 진단이 이루어질 경우 신비할 정도로 좋은 효과를 보이는데, 하나님께서 메이탈의 어머니에게 그런 역사를 이루어주신 것이다. 할렐루야!

하나님의 은혜로 메이탈의 어머니가 치유되자 나는 메이탈의 부모님과도 무척 친해졌다. 이것이 계기가 되어 나는 메이탈을 우리가 출석하는 교회로 몇 차례 이끌 수 있었다.

한번은 텔아비브에서 사역하는 한인 선교사가 아토피로 심하게 고생하는 딸을 데려온 적이 있다. 이 아이는 아토피가 워낙 심해서 아이가 다니는 이스라엘 학교에서도 알 만한 사람은 다 알 지경이었다. 나는 이 아이에게도 체질에 따른 사암침을 놓았다. 그런데 단 한 번의 치료만으로도 아토피 증세가 눈에 띄게 호전되는 효과가 나타났다.

그러자 그 아이가 다니는 이스라엘 학교에 나에 대한 소문이 난 모양이었다. 그 후로 얼마 동안 아토피 환자들이 계속해서 나를 찾아왔다. 개중에는 돌도 안 된 갓난아이도 있었다.

물론 내가 치료한 모든 환자들에게 기적적인 효과가 일어난 것은 아니다. 그러나 나는 이스라엘이라는 선교지에 와서 침을 놓으며, 특별히 하나님께서 치유의 은혜로 함께하시는 것을 깊이 느꼈다.

유대인들을 얻기 위한
전도 전략

하나님은 내게 치료를 통해, 또 학교생활을 통해 전도의 문을 열어주셨다. 그런데 내가 유대인들을 전도하려고 할 때마다 느낀 것이 있다. 그것은 유대인을 전도할 때는 히브리어 원어와 관련된 지식이 필요하고, 그들이 예수님과 기독교에 대해 오랜 세월 동안 가지고 있는 오해들을 무너뜨릴 수 있을 만한 물샐틈없는 논리가 필요하다는 것이다.

우리 가정이 이스라엘에 온 첫해 여름이었다. 그때 나는 한국의 어느 대형 교회 청년부에서 온 수백 명 규모의 아웃리치 팀을 돕게 되었다. 이 사역 팀은 이스라엘 최대 도시인 텔아비브의 이츠하크 라빈 광장에 모여 날마다 기도하고 찬양하며 히브리어로 번역한 사영리 전도 책자를 배포했다. 그들의 열정과 헌신 그리고 수고는 내게 깊은 인상을 주었고, 분명 하나님께서도 이를 기뻐 받으실 것이라 확신했다.

하지만 전도 전략적인 측면으로 볼 때 조금 안타까웠다. 유대인들은 기본적으로 성경(구약성경)은 자신들의 책이고, 하나님은 자신들의 하나님이라고 생각한다. 다시 말해 유대인들은 성경과 하나님은 믿어도 예수님은 절대 믿지 않는다. 그렇기 때문에 복음을 한 번도 들어보지 못한 미전도 종족이나 불신자들과 달리 유대인들에게는 그들만을 위한 차별화된 전도 전략이 필요하다. 그런 점에서 볼 때 한국에서 주로 하는 사영리 전도법이나 전도폭발 등은 유대인 전도에 그다지 적합하지 않다.

또 이스라엘은 다른 중동 지역과 마찬가지로 자국민을 대상으로 하는 기독교 단체의 대규모 전도 집회에 눈에 쌍심지를 켜고 예민하게 반응한다. 당장 주목받고 뉴스거리가 되기 쉽다. 심지어 이런 집회를 방해하고 테러를 일삼는 단체까지 있다. 그만큼 이스라엘은 좀 더 신중하고 효과적인 전도 전략을 고민해야만 하는 곳이다.

이 아웃리치 팀이 이스라엘을 다녀간 후 긍정적인 영향력보다는 부정적인 후폭풍이 상당히 거세게 남았다. 이스라엘에서 사역하는 선교사들에게는 비자 연장이 중요한데, 당장 비자 연장이 까다로워진 것이다. 상황은 이러했다. 전도지를 뿌리던 한 청년이 검은색 복장으로 차려입은 정통파 유대인들에게 붙잡혔다.

그들은 이 청년에게 신분을 밝히라고 요구했다.

"너희들은 누구냐?"

그러자 그 청년이 대답했다.

"우리는 한국에서 온 선교사다!"

이스라엘 내무부에서는 이스라엘에 체류하는 한국 사람들 역시 선교사일지 모른다는 색안경을 끼고 봤고, 그 여파가 고스란히 현지 선교사들에게 미친 것이다. 결국 그들이 가져온 수천 장의 히브리어 사영리 전도지는 아쉽게도 극히 일부만 배포된 채 고스란히 이스라엘의 한인교회에 남겨졌다.

물론 이런 실수는 한국뿐만 아니라 이스라엘을 찾는 해외 선교 단체들도 종종 한다. 성지순례를 오거나 비전트립으로 오는 팀들이 현지에서 만나는 유대인들에게 화장지나 물티슈, 사탕, 볼펜 등을 선물로 주는 경우도 이에 해당된다. 그 선물의 겉포장에 "Jesus loves you!"라고 쓰인 스티커를 붙여서 나눠주는 것이다. 그럴 경우 그 선물은 더 이상 유대인들에게 선물이 되지 않는다. 우리에게는 예수가 천하보다 귀한 이름이지만, 그들에게는 지난 2000년간 반목과 아픔의 역사를 가져다준 이름, 엄청난 고통과 학살을 가져온 저주의 아이콘이기 때문이다.

물론 우리는 유대인들에게 예수님을 전해야 하는 의무가 있다. 그러나 그들을 분노케 하거나 적대감을 들게 하기보다는, 어떻게 하면 더 효과적으로 예수님을 전할 것인가 하는 문제는 우리에게 남은 과제가 아닐 수 없다.

오늘날 이스라엘에 사는 유대인들 중에서도 메시아를 간절히 기다리는 유대인들이 있다. 비록 소수이지만 바로 2000년 전 이 땅에 오신 예수님을 메시아로 고백하는 유대인들이다. 그런데 이스라엘을 여행하다가 간혹 그런 유대인들을 만나면 너무 반가운 나머지 짧은 영어로나마 이렇게 물어보는 사람들이 있다.

"Are you Christian?"

그러면 그 유대인은 정색을 하며 이렇게 대답할 것이다.

"No, I am not a Christian. I am a Believer."

유대인들에게 '크리스천'이란 말은 자신들이 갖고 있는 모든 유대적인 뿌리를 부인하고 기독교인이 된 사람, 즉 일종의 배신자쯤으로 여겨진다. 그래서 그들은 자신들의 정체성을 '크리스천'(Christian)이 아닌 '빌리버'(Believer)라는 단어에서 찾는다.

그들은 예수를 믿지만 조상 때부터 소중하게 간직해온 유대적인 전통에 따라 레위기의 음식 정결법과 유대적 절기들을 지키는 경우가 많다. 우리에게는 별반 차이가 없는 '크리스천'과 '빌리버'란 단어를 유대인들이 이렇게 확실하게 구분하는 데는 안타까운 비하인드 스토리가 있다.

반유대주의가 극성을 부리던 중세 시대에 유대인들을 강제로 기독교로 개종시킨 일이 있다. 이때 유대인 개종자들이 기독교인들 앞에서 울며 겨자 먹기 식으로 고백해야 했던 내용은 사뭇 충격적이다.

"나는 더러운 유대적인 미신으로 다시는 돌아가지 않을 것이다. 나는 과거에 내가 중독되어 있던 유대적 의식의 직분을 행하지 않을 것이다. 나는 유대의 율법에서 정한 모든 풍습과 제도를 거부한다. 한 마디로 나는 유대적인 것은 무엇이든지 다 거부한다."

기독교인들이 유대인들을 강제 개종시키면서 억지로 부인하게 만든 것은 '유대적인 미신', '유대 율법이 정한 풍습과 제도들'이었다. 이것을 쉽게 표현한다면, 안식일에 촛불을 켜고, 무교절에 무교병을 먹고, 나팔절에 양각 나팔을 불고, 대속죄일에 금식을 하는 모든 행위들을 강제로 더 이상 못하게 한 것이다. 현대의 크리스천들로서는 절대 믿기지 않는 이런 일들이 중세 유럽에서는 버젓이 행해졌다. 그리고 이를 어기는 자는 모두 이단자로 정죄되어 종교재판으로 불리는 마녀사냥의 희생양이 되었다.

당시에 유대인들이 기독교로 개종하려면 자신들의 유대적인 뿌리를 모두 뽑아버려야 했다. 하지만 사도행전 15장에 나오듯이 유대인들이 대다수를 차지하던 초대교회에서는 소수의 이방인들이 교회 공동체로 들어오고자 할 때 굳이 유대인처럼 될 것을 강요하지 않았다. 즉 할례 없이도 교회 공동체의 일원이 될 수 있는 길이 활짝 열려 있었다. 그런데 이방인들이 대다수를 차지하게 된 중세 이후의 교회에서는 소수로 전락한 유대인들에게 교회 공동체로 들어오려면 그들이 갖고 있던 모든 유대적 뿌리를 송두리째 부인할 것을 강요한 것이다.

당시 유럽에 살던 우리의 신앙 선배들은 사도 바울이 가르쳐준 중요한 원칙, 즉 할례자는 할례자로서, 그리고 무할례자는 무할례자로서 예수님을 믿는 것이 성경적인 믿음의 원칙임을 알지 못했던 것 같다.

할례자로서 부르심을 받은 자가 있느냐 무할례자가 되지 말며 무할례자로 부르심을 받은 자가 있느냐 할례를 받지 말라 고전 7:18

유대인들에게 효과적으로 전도하기 위해서는 기독교인들에게 가지고 있는 이들의 뿌리 깊은 상처와 피해의식, 그리고 적대감부터 이해해야 한다. 외부의 크리스천들에게는 빌리버로, 유대 사회 안에서는 메시아닉 유대인으로 불리는 이들은 매주 안식일에 모여서 예배를 드린다. 그리고 동족 유대인들의 전도를 위해 다양한 전략을 세운다.

그중에 하나가 다니엘서를 통한 전도다. 다니엘서를 통해 전도한다는 것이 한국 성도들에게는 좀 생소할지 모르지만 이것만큼 유대인들에게 파워풀한 전도 전략도 없다. 일단 유대인들은 신약성경을 인정하지 않기 때문에 구약성경만으로 복음을 전해야 한다. 이것은 사도행전에 나오는 사도들의 전도 전략과도 동일하다. 사도들이 복음을 전할 때 이들이 사용한 성경은 오직 구약성경뿐이었다. 그때까지만 해도 신약성경은 아직 기록되기 전이었기 때문이다.

39권의 구약성경 중 다니엘서는 유대인 전도를 위해 무척 효과적인 성경이다. 다니엘서 9장에 나오는 칠십 이레의 예언이 예수 그리스도를 통한 십자가 사건의 시기와 종말에 이스라엘 땅에서 일어날 환난에 대해 아주 구체적으로 묘사하고 있기 때문이다. 나도 침을 맞으러 오는 환자들과 어느 정도 친밀한 관계가 맺어지면 유대인 전도자들이 하는 다니엘서 성경공부로 그들을 초청하곤 했다.

온누리교회에서 이스라엘에 파송한 가정이 다섯 가정으로 늘어나면서 우리는 공동체가 할 수 있는 팀 사역도 시도했다. 나는 성경공부에 특별히 은사가 있는 유대 기독교인 지도자를 초청하여 그가 연구한 '구약성경 속에 나타난 예수 그리스도'라는 주제의 시리즈 성경공부를 기획했다. 그리고 각 가정에서 교제하며 섬기고 있는 유대인 친구들을 이 성경공부 모임에 초청하여 성경공부를 한 뒤 맛있는 한국 음식을 대접하며 돈독한 관계성을 이어갔다.

재정 위기가 불러온
가정의 위기

그런데 이즈음 우리 가정에 문제가 발생했다. 재정이 바닥을 드러낸 것이다. 우리 가정은 온누리교회에서 보내주는 월 700불의 선교비 외에는 후원자가 별로 없었다. 많지는 않지만 한국에서 한의원을 하며 모은 재정이 있었고, 또 자비량 선교를 원칙으로 하는 UBF에서 훈련을 받아서인지 나는 후원자 발굴을 하는데 전혀 익숙하지 않았다.

우리는 교회의 후원금과 모아둔 재정만으로 몇 년을 생활하다가 하나님의 인도하심을 받겠다는 생각으로 이스라엘에 왔다. 하지만 이스라엘은 한국에서 알아본 것보다 훨씬 물가가 비쌌고 교회에서 보내주는 후원금으로는 한 달 렌트비를 내기에도 벅찼다. 생각했던 것보다 일찍 바닥을 드러내고 만 심각한 재정 상태로 인해 나는 대책을 마련해야 했다. 두 아이들도 어느덧 유치원을 거쳐 초등학교에 들어갈 시점이라 앞으로 들어갈 재정은 더 많아질 것이 뻔했다. 여러 가지 생각이 교차했다.

'한국에서 몇 년간 한의원을 운영해서 재정을 만들어 다시 와야 할까? 아니면 다른 선교사들처럼 개인 후원자들을 발굴해야 할까?'

하지만 이 두 가지 모두 우리 가정에는 쉽지 않은 결정이었다. 이렇게 재정 문제로 고민하며 기도하고 있을 때였다. 우리 부부는 우연찮게 이스라엘에서 병아리 감별사로 일하는 분을 만나 한국 사람들이 전 세계적으로 병아리 감별사로 각광받고 있다는 소식을 들었다. 그것은 닭고기를 많이 먹는 이스라엘에서도 예외가 아니었다.

병아리 감별은 갓 태어난 병아리의 항문에 손가락을 집어넣어 암수를 구별해내는 것이다. 이것은 달걀을 낳는 암컷과 식용으로 쓸 수컷을 일찍부터 구별해 각각의 용도에 맞게 키우려는 목적으로 행해진다. 병아리 감별사로 일하려면 한 시간에 1,000마리 정도의 병아리를 감별할 수 있어야 하고 그 정확도가 98퍼센트 이상 되어야 한다.

알아보니 우리가 살고 있던 예루살렘 근교에도 제법 규모가 큰 부화장이 있는 게 아닌가! 아내와 나는 병아리 감별 기술을 익히면 이스라엘 회사에 취직도 하고, 원하면 취업 비자도 얻을 수 있기 때문에 이스라엘에 안정적으로 장기 체류하며 사역을 지속할 수 있으리라는 결론에 도달했다. 그러자 아내는 자기가 직접 한국에 가서 병아리 감별 기술을 익혀 오겠다고 했다.

이렇게 해서 아내는 두 자녀를 데리고 한국으로 떠났고 나 혼자 이스라엘에 남게 되었다. 아내는 요리를 할 줄 모르는 내가 최소 두 달은 버틸 수 있을 만큼 많은 양의 밑반찬을 만들어서 냉장고에 가득 채운 후 한국으로 갔다. 이렇게 우리 부부는 1년 가까운 시간 동안 별거 아닌 별거를 하며 힘든 시간을 보냈다.

아내는 두 아이를 데리고 안산에 있는 시댁으로 향했다. 아무래도 시댁이 편치 않을 텐데도, 아내는 시부모님과 두 아이를 돌보면서 주 2회 병아리 감별 기술을 열심히 익혔다. 나중에 알게 되었지만, 이 일은 밤을 새워가며 해야 하는 무척 험하고 고된 일이었다. 게다가 이 기술을 배우기 위해 따라다녀야 했던 그룹은 대부분 신앙생활과는 거리가 먼, 한마디로 거칠고 세속적인 분위기였다.

밤을 꼬박 새고 동이 틀 때쯤 일을 마치면 모두 모여 술자리를 겸한 아침식사를 했는데, 아내는 그런 자리가 매우 어려웠다고 했다. 술에 취한 고참들은 아무리 봐도 이런 험한 일을 할 사람 같아 보이지 않는 아내에게 무례한 농담을 하거나 지나친 관심을 보이기도 했다. 하지만 아내는 묵묵히 일만 했다. 아내에게는 오직 이 일을 최대한 빨리 배워서 남편이 기다리는 이스라엘로 다시 가야 한다는 일념뿐이었기 때문이다.

나 역시 이스라엘에서 홀로 버티며 근근이 살아가고 있었다. 무엇보다 힘들었던 것은 극심한 외로움이었다. 한국에서 열심히 일하고 있을 아내와 두 아이가 너무 보고 싶었다. 학교와 실험실에서 하루 일과를 마치고 돌아왔지만 아무도 없는 텅 빈 집에 들어가야 할 때면 더더욱 그랬다. 남자는 결혼하고 나면 혼자서 못 산다더니, 그때처럼 그 말을 절감했던 적도 없다. 사랑하는 가족의 모습이 수시로 눈앞에 아른거렸다.

그렇게 혼자 이스라엘에 남아 힘겹게 버티고 있을 때 가뜩이나 힘든 내 마음에 비수를 꽂는 일이 발생했다. 오랜만에 예루살렘 중앙에 있는 한인 식당을 찾아 밥을 먹고 있을 때였다. 식당을 운영하시는 목사님이 내 앞에 앉더니 조심스럽게 한인 사회에 나에 대한 괴소문이 돌고 있다고 귀띔을 해주었다. 우리 부부가 이혼하기 위해 별거에 들어갔다는 것이다. 아내와 아이들이 모두 한국으로 가고 나 혼자 남아 있다보니 생긴 소문이었다.

'참으로 몹쓸 사람들이야! 사람이 어떻게 이렇게까지 악할 수 있지?!'

나는 너무 기가 막힌 나머지 잠깐이나마 이 소문의 진원지가 어디인지 알아보겠다는 생각을 했지만 이내 포기했다. 속상하지만 그럴 만한 가치도 없는 일이라 여겼기 때문이다. 나는 일주일에 한 번씩 아내와 아이들과 통화를 하며 외로움을 달랬다. 하지만 통화를 마치고 나면 오히려 더 깊은 외로움이 찾아왔고, 혼자 남겨진 빈집에서 속울음을 삼켰다.

아내와 통화하면서 아내가 결혼 후 처음 시부모님을 모시고 살아가는 고충, 일주일에 두 번 꼬박 밤을 새워가며 배우는 병아리 감별의 피곤한 삶을 이야기할 때면 너무 마음이 아팠다. 그때마다 나는 아내에게 조금만 더 버텨보자고 위로했지만, 통화를 마칠 때쯤에는 맥이 풀려 한숨밖에 나오지 않았다.

'과연 이렇게 살아가는 게 옳은 것일까? 언제까지 이런 삶을 살아야 하는 걸까?'

하나님의 뜻은
뭔가요?

이스라엘에서 복음의 씨앗을 뿌린다고는 하지만 당장 눈에 보이는 열매가 없기에, 사역을 하면서도 달걀로 바위를 치는 것 같다고 느껴질 때가 많았다. 그렇게 시간이 지나면서 나는 깊은 무력감과 절망감에 빠졌다. 이때 나를 짓누른 것은 선교사이기에 앞서 한 가정을 이끄는 가장으로서 느끼는 무한한 책임감이었다.

'비록 사명 때문이라고는 해도 아내를 이렇게 고생시켜도 되나?'

이런 생각이 들 때마다 내 마음은 한순간에 무너져 내렸다. 한번은 아내와 통화를 하는데 아내가 이런 제안을 했다. 병아리 감별 기술을 배워 가더라도 혹시 일이 잘 안 풀릴지 모르니 일식 주방장 기술도 배우겠다는 것이다. 다른 나라에서도 그렇지만, 이스라엘에서도 일식에 대한 인기가 높기 때문에 하는 말이었다.

순간 나는 어이가 없었다. 한의사 남편을 둔 아내라면 명품 가방을 사달라고 조르며 전화하기도 하던데, 나의 아내는 달라도 너무 달랐다. '아내는 천성이 그냥 선교사인가 보다' 하는 생각이 들었다. 그랬다. 아내는 선교사의 DNA를 갖고 태어난 그야말로 '모태 선교사'였다.

그러나 나는 뭔가 대단한 것을 발견한 듯 신이 나서 말하는 아내에게 이렇게 말했다.

"여보, 그러지 마, 그냥 병아리 감별 하나만 배우고 와. 너무 피곤하면 일주일에 한 번만 따라다녀. 그것도 하다가 너무 힘들면 그냥 이스라엘로 와! 뭔가 다른 방도가 있겠지, 뭐!"

나는 속으로 재정 상황이 막바지까지 몰리면 한국에 가서 한의사로 일하다가 다시 이스라엘에 오는 것을 진지하게 고려하고 있었다. 그렇게 1년에 가까운 시간이 어렵게 지났을 때, 아내는 꽤 실력 있는 병아리 감별사가 되어 돌아왔다. 그동안 못 본 사이에 훌쩍 커버린 두 아이들을 데리고…. 오랜만에 만난 우리 가족은 그간 못 나눈 사랑과 정을 듬뿍 나누며 이야기꽃을 피웠다. 나는 가족이란 어떤 상황에서도 소중하게 지켜야 할 최고의 가치임을 뼈저리게 느꼈다.

며칠 후 나와 아내는 예루살렘 근교의 부화장을 찾았다. 병아리 감별사로 일할 수 있는지 여부를 알아보기 위해서였다. 또 일주일에 며칠을 일해야 하는지, 채용되면 취업 비자를 받을 수 있는지, 해준다면 가족 모두 되는지, 월급은 얼마인지 물어볼 내용들도 소상히 메모해 갔다. 그러나 우리를 기다리고 있는 소식은 실망을 넘어서 너무나 충격적이었다. 부화장이 계속된 경영 악화를 버티지 못하고 최근에 문을 닫았다는 것이다.

그래도 병아리 감별사로 일하고 싶다면 갈릴리 근교에 있는 규모가 작은 부화장으로 가보라고 했다. 하지만 예루살렘에서 사역하던 우리에게 왕복 네 시간이 넘는 갈릴리까지 출퇴근을 한다는 것은 거의 불가능했다. 결국 아내는 1년 가까이 상상할 수 없는 고생을 해가며 익힌 병아리 감별 기술을 한 번 써보지도 못하고 고스란히 썩히게 되고 말았다.

'세상에 이렇게 허무한 일이 또 있을까? 1년간 가족과 떨어져 이스라엘에서 독수공방한 나의 외로운 투쟁의 결과가 결국 이것인가?'

우리 가정의 재정 상태는 국가로 말하자면 모라토리엄(moratorium)을 선언해야 하는 상황에까지 몰렸다. 그 순간 나와 아내는 하나님의 뜻을 진지하게 묻지 않을 수 없었다.

"하나님, 우리 가정을 향하신 하나님의 뜻은 과연 어디에 있나요?"

지금 나의 믿음의 현주소?

긴박한 부흥의 필요성

마지막 대부흥의 역사와 성취

이스라엘의 회복을 위해 기도하라

새벽마다 부흥회

성령으로 배부른 금식

하나님의 영광을 보여주소서

내게 임한 하나님의
부흥

지금 나의
믿음의 현주소?

┃그즈음 이라크에서 비즈니스 선교를 하던 김선일 씨가 이슬람 테러 조직에 납치된 후 끔찍하게 피살되는 사태가 벌어졌다. 인터넷을 통해 전 세계에 공개된 김선일 씨의 최후 상황을 찍은 동영상은 보는 이들을 모두 경악하게 했다.

이 사건으로 한국 교회에서는 때 아닌 '순교' 논란이 벌어졌다. 어느 대형 교회 목사님이 김선일 씨의 죽음이 순교가 아니라면서 공격한 것이다. 그 목사님의 주장에 따르면, 죽는 순간에도 담대하게 복음을 전해야지 살려달라고 발악하다가 죽은 게 어떻게 순교냐 하는 것이었다.

당시 김선일 씨는 '지하드'(거룩한 전쟁)를 외치며 살인까지 신성시하는 이슬람 테러 단체에 납치되어 머리에 검은 복면이 감싸인 모습으로 톱에 목이 쓱쓱 베이는 섬뜩한 상황에 처했다. 이것은 단두대에서 일순간에 목이 잘려나가거나 길을 가다가 갑자기 무차별하게 당하는 테러의 상황과 확실히 다르다.

나는 김선일 씨가 처했던 상황을 떠올리며 나 스스로에게 질문을 던졌다.

'만약 나라면 목숨이 간들간들 붙어 있는 그 마지막 순간에 과연 복음을 전할 수 있을까? 아니면 그나마 남아 있던 성령이 떠나가고 두려움에 사로잡혀 살려달라고 애걸복걸할까?'

사실 이스라엘을 비롯한 중동 지역에서 사역하는 한국인 선교사라면 누구나 그리고 언제든지 제2, 제3의 김선일 씨가 될 수 있다. 그런 생각을 하니 나도 모르게 몸서리가 쳐지며 소변을 지리고 말았다. 그렇다. 나는 스데반처럼 순교할 준비가 전혀 되어 있지 않았던 것이다.

대학생 때 선교 단체에서 훈련을 받으며 귀가 따갑도록 들었던 것이 "선교는 곧 순교다"라는 슬로건이다. 실제로 우리말에서도 '선교'와 '순교'는 모음 하나 차이이다. 나는 나름대로 순교도 할 수 있다고 믿으며 이스라엘에서 살아왔다. 그러나 이 일로 인해 나는 내가 갖고 있는 믿음의 막연한 현주소를 적나라하게 보게 되었다. 이스라엘에 올 때 죽을 각오로 온 나의 마음은 어느새 온데간데없었다.

현재 나에게는 초라한 상황만이 자리하고 있었다. 재정적으로 힘들었지만 영적으로도 빈털터리 상태였다. 완전히 바닥을 드러낸 최악의 시점에서 하나님은 '순교'라는 커다란 질문을 내게 던져주시며 나를 다시 되돌아보게 만드셨다. 크리스천이라면 "어떻게 살아야 할까?" 고민해야 한다. 하지만 "어떻게 죽을 것인가?"도 수시로 고민하며 살아가야 한다.

사실 그때 나는 혼자 잠정적으로 결론을 내린 상태였다.

'잠시 한국으로 돌아가 안식년을 하면서 재충전을 하고 올까? 안식년을 할 때도 되긴 했는데… 한국에 간 김에 몇 년 한의원을 하며 재정을 모아 다시 올까?'

그러나 내 뜻대로 할 수 있는 것이 아니었다. 나는 하나님의 확실한 응답을 받아야만 했다. 눈에 보이는 전도의 열매라곤 없고 재정적으로는 빈털터리가 된 초라한 상황에서 불현듯 나를 덮친 이 거룩한 이슈를 안은 채 나는 필사적인 기도에 들어갔다.

긴박한
부흥의 필요성

간절하고 절박했던 그때, 내가 지푸라기라도 잡고 싶은 심정으로 읽은 책이 있다. 바로 마틴 로이드 존스 목사님의《부흥》이라는 책이다. 지금 돌이켜보면 그 책은 분명 나의 영적 회복과 충전, 그리고 또 한 번의 영적인 도약을 위해 하나님께서 직접 예비하고 보여주신 책이었다. 할렐루야!

《부흥》은 첫 장부터 흥미롭게 시작된다. '오늘날 부흥이 왜 긴급히 필요한가?'에 대한 핵폭탄 같은 주제를 가지고 예수님이 변형되셨던 산 아래에서 벌어진 제자들의 실패 이야기를 한다.

수제자 세 명만 데리고 높은 산에 올라가신 예수님은 양옆에 모세와 엘리야를 대동한 채 영광스런 모습으로 변형되셨다. 그러나 그 무엇으로도 '형용할 수 없는 영광'으로 묘사되는 산 위의 광경과 달리, 산 아래에서는 '처참한 실패'라는 좋은 대조를 보여준다.

어떤 아버지가 귀신 들린 자신의 아들을 고치기 위해 절박한 심정으로 제자들을 찾아왔다. 그러나 제자들은 귀신을 쫓아내지 못했고, 그 아이를 예수님께 데리고 왔다. 아이는 심한 경련을 일으키고 거품을 흘리며 땅바닥을 데굴데굴 굴렀다. 그리고 예수님은 그 더러운 귀신을 꾸짖어 말씀으로 아들을 고쳐주셨다.

그러면 제자들은 왜 귀신 들린 아이를 고치는 데 실패했을까? 아마 다음의 두 가지 이유였을 것이다.

첫째, 과거의 경험을 의지했다. 제자들은 과거에 두 명씩 짝을 지어 전도 여행을 했을 때 예수 그리스도의 이름으로 꾸짖으면 귀신이 괴성을 지르며 떠나가는 역사를 경험했다. 처음에는 오직 예수 이름의 권세만 의지했던 제자들은 비슷한 상황이 찾아왔을 때 은근슬쩍 과거에 성공했던 자신들의 경험을 의지했을 것이다.

둘째, 수제자들과의 비교 의식에 사로잡혔다. 예수님이 수제자 세 명만 데리고 산으로 올라가시자 산 밑에 남겨진 제자들은 열등감과 비교 의식에 사로잡혔을 것이다. 그런데 이때 귀신 들린 아들을 고쳐 달라며 한 아버지가 찾아왔다. 산 밑에 남아 있는 제자들은 귀신을 고침으로써 예수님께 인정도 받고 경쟁률이 치열한 수제자 그룹에도 들어가고 싶었을 것이다.

제자들은 예수님께 자신들이 귀신을 쫓아내지 못한 이유에 대해 조용히 물었다. 그러자 예수님은 언뜻 듣기에 쉬운 것 같지만 알쏭달쏭하게 대답하셨다.

기도 외에 다른 것으로는 이런 종류가 나갈 수 없느니라 막 9:29

책에서 로이드 존스 목사님은 이 말씀을 가지고 현대 교회가 당면한 영적인 문제를 정확히 진단하고 있다. 또 "현대 교회에 왜 부흥이 필요한가?"라고 질문하면서, 오늘날 역사하는 마귀의 세력이 바로 과거에 경험했던 것과는 차원이 다른 '이런 류'에 해당한다고 말한다.

오늘날 역사하는 마귀의 세력은, 불과 수십 년 전과 비교해볼 때 그 강도 면에서 상상을 초월할 만큼 세차졌다. 과거에는 창피함을 무릅쓰고 구하던 음란물을 이제는 스마트폰 하나만 있으면 언제 어디서든 볼 수 있다. 초등학생 심지어 유치원생에게까지 무차별로 노출되어 있다. 과거에는 죄의식을 느끼면서 몰래 훔쳐보던 포르노도 이제는 '야동'이라는 친숙한 이름으로 둔갑해 마치 건강한 성인 남녀라면 누구나 즐기는 건전한 취미생활 정도로 여겨진다. 이미 거센 물결이 되어버린 음란물 중독 현상은 이 세상뿐만 아니라 교회 안에서도, 심지어 사역자들에게도 예외가 아니다.

어디 그뿐인가? 현대 교회가 당면하고 또 싸워나가야 할 마귀의 세력은 알코올중독, 가정 폭력, 동성연애 등 그 종류도 다양하며 강도 면에서도 과거와 감히 비교할 수 없을 만큼 끈질기고 거세다. 겉으로는 신실하고 거룩해 보이는 성도들의 가정일지라도 실제로는 심각한 문제들을 안고 고통스러워하는 경우가 많다. 현대 교회는 과거에 조나단 에드워즈, 무디, 빌리 그래함이 사역했을 때와 차원이 다른 더 강력하고 끈질기고 무시무시한 마귀가 역사하고 있다. 마틴 로이드 존스 목사님은 이것을 바로 '이런 류'라고 진단하는 것이다.

그렇다. 우리 시대가 당면하고 있고 반드시 대적해야 할 마귀가 바로 '이런 류'이다. 과거에 역사했던 것과는 차원이 다른 '이런 류'이다. 그래서 오늘날 역사하는 마귀의 세력은 과거에 통했던 그런 정도의 매뉴얼로는 결코 떠나가지 않는다. 과거 경험으로도 안 되고, 남보다 더 잘하고자 하는 경쟁심만 가지고도 안 된다.

그렇다면 현대 교회를 사로잡고 있는 '이런 류'의 마귀를 쫓아낼 수 있는 비책이 우리에게 있는가? 있다면 과연 무엇인가? 로이드 존스 목사님은 유일하고도 강력한 비책으로 '부흥'을 말한다. 그렇다. 그것이 바로 현대 교회가 절실히 부흥을 필요로 하는 이유이다. 2000년 전 오순절 성령강림과 함께 예루살렘 땅에 초대교회를 탄생시켰던 그 부흥, 2000년의 교회사를 통해 교회가 어려움에 처할 때마다 돌파와 함께 엄청난 도약을 가능하게 했던 바로 그 부흥이 오늘날 필요하다.

마지막 대부흥의
역사와 성취

오늘날 강력한 마귀의 역사로 낙심하고 절망하면서도 우리가 끝까지 소망의 끈을 놓지 않을 수 있는 이유가 있다. 제아무리 마귀의 역사가 강력하다 해도 그것을 파쇄하는 성령의 역사는 더 강력하다는 것을 믿기 때문이다.

우리가 섬기는 목회 현장에서 간절히 갈망하고 고대해야 하는 것 역시 사탄의 결박을 푸는 강력한 성령의 역사이다. 설교도 더 이상 논리적인 설득이나 지혜의 권하는 말, 듣기 좋은 우스개 예화에만 의지해서는 안 된다. 매주 강단에서 선포되는 말씀 위에 성령의 나타나심과 능력이 있도록 기도해야 한다.

내 말과 내 전도함이 설득력 있는 지혜의 말로 하지 아니하고 다만 성령의 나타나심과 능력으로 하여 너희 믿음이 사람의 지혜에 있지 아니하고 다만 하나님의 능력에 있게 하려 하였노라 고전 2:4,5

그러면 '부흥'은 과연 무엇일까? 우리는 흔히 교회의 성도 수가 100명에서 200명으로 늘었을 때 교회가 부흥했다고 말한다. 하지만 부흥은 분명 성도 수가 느는 것 그 이상을 의미한다.

홍정길 목사님이 지금은 고인(故人)이 된 마틴 로이드 존스 목사님을 직접 만나 부흥에 대해 나누었다는 이야기를 들은 적이 있다.

홍정길 목사님이 로이드 존스 목사님에게 질문했다.

"목사님, 목사님이 생각하시는 부흥이란 무엇입니까?"
"부흥은 성령님의 불가항력적인 은혜입니다."
"그러면 1907년에 있었던 평양 대부흥 이후 한국 교회에 일어난 폭발적인 성장도 부흥이 아닙니까?"
"아닙니다. 부흥은 그것보다 훨씬 더 깊어야 합니다."

나는 로이드 존스 목사님의 《부흥》을 읽으면서 구속사적 관점에서 부흥이 갖는 엄청난 의미를 깨닫고 큰 은혜를 받았다.

2000년 전 오순절 성령강림과 함께 초대교회가 탄생했다. 그 현장에 있던 사도 베드로는 이 현상을 요엘서 2장 28절 말씀의 성취로 선포하고 있다.

때가 제 삼 시니 너희 생각과 같이 이 사람들이 취한 것이 아니라 이는 곧 선지자 요엘을 통하여 말씀하신 것이니 일렀으되 하나님이 말씀하시기를 말세에 내가 내 영을 모든 육체에 부어주리니 너희의 자녀들은 예언할 것이요 너희의 젊은이들은 환상을 보고 너희의 늙은이들은 꿈을 꾸리라 행 2:15-17

하지만 엄밀한 의미로 보면, 2000년 전 예루살렘에서 일어난 오순절 성령강림은 요엘서 말씀의 '부분적인' 성취에 불과하다. 이 말씀의 '완전한' 성취는 종말, 즉 예수 그리스도의 재림 직전에 있을 '대부흥'(The Great Revival)과 함께 이루어질 것이다. 최초의 부흥이 예루살렘에서 시작된 것처럼 마지막 때에 일어날 대부흥 역시 예루살렘에서 시작될 것이다. 그날에 우리는 2000년 전 오순절 성령강림은 그림자에 불과한, 폭포수와 같이 부어지는 대부흥의 역사를 경험하게 될 것이다.

예수 그리스도의 재림 직전에 예루살렘과 이스라엘 땅에 부어질 대부흥의 역사를 스가랴 선지자는 이렇게 예언하고 있다.

내가 다윗의 집과 예루살렘 주민에게 은총과 간구하는 심령을 부어주리니 그들이 그 찌른 바 그를 바라보고 그를 위하여 애통하기를 독자를 위하여 애통하듯 하며 그를 위하여 통곡하기를 장자를 위하여 통곡하듯 하리로다 슥 12:10

요엘서 2장 28절 말씀과 함께 마지막 때에 일어날 대부흥을 예언하고 있는 스가랴서 12장 10절 말씀은 기독교인들에게는 꼭꼭 감추어져 있는 참으로 비밀스런 말씀이다. 하지만 이스라엘 땅의 얼마 되지 않은 유대인 교회에는 이 비밀스런 말씀이 전면에 내걸려 있다. 왜냐하면 이 말씀은 예수 그리스도의 재림 직전에 예루살렘을 중심으로 한 이스라엘 땅에 부어질 성령, 그로 인한 이스라엘의 회복에 대해 예언하고 있는 가장 강력한 말씀이기 때문이다.

그날에 하나님은 다윗의 집과 예루살렘 주민들, 곧 이스라엘 백성들에게 은총과 간구하는 성령을 폭포수와 같이 부어주실 것이다. 그때 비로소 이스라엘 백성들의 눈을 가리고 있던 비늘 같은 것이 벗겨지고, 얼굴을 가리고 있던 수건이 벗겨져서 자신들이 2000년 전에 죽였던 그 예수가 그들이 그토록 애타게 고대하던 메시아임을 알게 될 것이다. 그리고 그날에 이스라엘 땅 전역에서는 마치 독자(獨子)가 죽었을 때, 그리고 장자(長子)가 죽었을 때 애통하는 것처럼 거국적으로 애통하고 통회하는 역사가 일어날 것이다.

이스라엘의 회복을 위해
기도하라

예수님은 감람산 위에서 회개하지 않는 예루살렘 성을 바라보시면서 자신의 재림 직전에 있을 이스라엘의 회복에 대해 이렇게 말씀하셨다.

내가 너희에게 이르노니 이제부터 너희는 찬송하리로다 주의 이름으로 오시는 이여 할 때까지 나를 보지 못하리라 하시니라 마 23:39

2000년 전 예수님이 감람산 벳바게에서 나귀 타고 예루살렘에 입성하실 때, 그곳에 모인 순례객들은 저마다 종려나무 가지를 흔들면서

"찬송하리로다 주의 이름으로 오시는 이여"라고 외치며 환호했다. 그리고 예수님이 재림하시기 직전에도 이스라엘 백성들이 회개하고 메시아 되신 예수님을 향해 다시 한 번 "찬송하리로다 주의 이름으로 오시는 이여"라고 외치며 열렬히 환호하는 역사가 일어날 것이다. 이스라엘 땅에서 그런 환호성이 다시금 울린 이후에야 우리는 영광 중에 구름 타고 재림하실 예수 그리스도를 보게 될 것이다.

사도 바울 역시 이방인의 충만한 수가 차면서 집단적으로 돌이키게 될 이스라엘 민족의 구원과 이를 계기로 열방 가운데 퍼져나갈 회복에 대해 이렇게 말한다.

> 형제들아 너희가 스스로 지혜 있다 하면서 이 신비를 너희가 모르기를 내가 원하지 아니하노니 이 신비는 이방인의 충만한 수가 들어오기까지 이스라엘의 더러는 우둔하게 된 것이라 그리하여 온 이스라엘이 구원을 받으리라 롬 11:25,26

> 그들의 넘어짐이 세상의 풍성함이 되며 그들의 실패가 이방인의 풍성함이 되거든 하물며 그들의 충만함이리요 롬 11:12

> 그들을 버리는 것이 세상의 화목이 되거든 그 받아들이는 것이 죽은 자 가운데서 살아나는 것이 아니면 무엇이리요 롬 11:15

마지막 때에 예루살렘 땅에서 시작될 대부흥의 역사는 이스라엘 민족을 주님께 돌이키게 하고, 이스라엘 민족의 집단적인 회심은 열방으로 퍼져나갈 전 세계적 부흥의 신호탄이 될 것이다. 1세기 예루살렘에서 시작된 최초의 부흥이 동방의 땅끝인 한국까지 오는 데 무려 2000년의 시간이 걸렸던 것과 달리 마지막 때에 예루살렘에서 시작될 대부흥의 역사는 삽시간에 열방으로 퍼져나갈 것이다.

이방인의 충만한 수가 차기까지 잠시 홀대를 받았던 이스라엘이 다시 주께 받아들여지는 그날에 모든 열방 가운데 부흥이 퍼져나가며 교회는 지금까지 경험해보지 못한 영광을 경험하게 될 것이다. 그것을 가리켜 바울은 마치 "죽은 자 가운데서 살아나는 것이 아니면 무엇이리요"라며 반어법으로 강조하고 있는 것이다. 이 일 후에 우리가 그토록 사모하는 주님이 영광 중에 구름 타고 재림하시는 것을 목도하게 될 것이다.

종말의 때에 있을 대부흥, 이스라엘과 열방의 회복에 대한 비밀을 안 청교도 로버트 레이튼은 이렇게 말했다.

"유대인의 회개를 위해 매일 기도하지 않는 사람은 교회의 영광의 주된 부분을 망각한 사람이다. 의심할 여지없이 유대 민족은 다시 한 번 일어나 빛을 발하게 될 것이다. 그들의 회개는 이방인들의 풍성함이 될 것이다. 그리고 그때 하나님의 교회가 지금까지 보아온 그 어떤 때보다 더 영광스런 시대가 열릴 것이다."

또 다른 청교도 지도자 사무엘 러더퍼드는 매일 이런 기도문을 썼다.

"그리스도께서 구름을 타고 강림하신 다음에 나타날 가장 기쁜 광경을 보게 되리라. 우리의 맏형제인 유대인과 그리스도께서 부둥켜안고 입을 맞추는 그 광경! 그들은 너무 오랫동안 떨어져 있었도다. 이제 다시 만났으니 서로를 아껴주게 되리라. 오랫동안 기다리고 기다리던 이 아름다운 날이여! 오 아름다운 예수여, 나로 하여금 죽은 자 가운데서 다시 살아나는 것과 같은 그 광경을 보게 하소서. 당신과 당신의 옛 백성(유대인)이 서로 끌어안은 그 광경을 보게 하소서!"

새벽마다
부흥회

│마틴 로이드 존스 목사님의 《부흥》을 추천한 사람들은 하나같이 이렇게 말한다.

"이 책을 읽는 순간 당신의 가슴에서도 부흥에 대한 갈망이 용솟음칠 것이다."

이것은 결코 허언이나 과장이 아니었다. 이 책의 1장을 읽는 순간 어느새 내 심장에도 부흥에 대한 갈망과 불꽃이 활활 타오르기 시작했다. 바닥난 재정, 영적인 고갈, 순교에 대한 두려움 등 하나님은 당시 내가 처해 있던 최악의 상황들을 모두 잊게 하시고 나의 전인격을 들어 한순간에 부흥 코드로 몰아넣으셨다.

여호와여 내가 주께 대한 소문을 듣고 놀랐나이다 여호와여 주는 주의 일을 이 수년 내에 부흥하게 하옵소서 이 수년 내에 나타내시옵소서 진노 중에라도 긍휼을 잊지 마옵소서 합 3:2

나는 새벽을 깨워 '이런 류'로 불리는 강력한 사탄의 역사를 파쇄하고도 남을 더욱 강력한 부흥의 역사를 갈망하며 기도의 자리로 나아갔다.

"주여, 내가 무릎 꿇은 이 기도의 자리가 마지막 때에 예루살렘에서 시작되어 전 세계로 퍼져나갈 대부흥의 불씨를 지피는 발화점이 되게 하소서!"

지금 이 순간 이스라엘 땅에 절실히 필요한 것은 하나님의 부흥이다. 그리고 내 마음에도 부흥의 불씨가 간절히 필요했다. 당시 나는 극심한 무력감과 절망감에 빠져 있었다. 한국에서 선교 준비를 할 때만 해도 나는 우리 가정이 이스라엘에서 대단히 역동적인 일을 할 것이라고 기대했다. 그러나 그런 일은 일어나지 않았다.

침술을 통해 관계 전도를 하려고 해도 세속적인 유대인들은 복음에 아예 관심이 없는 경우가 많았고, 종교적인 유대인들은 유대교로 똘똘 뭉쳐 있어서 비집고 들어갈 틈이 보이지 않았다. 그야말로 달걀로 바위 치기였다.

예루살렘 영공에는 사탄의 견고한 진지가 구축되어 있었고, 그 땅에는 이사야 선지자의 예언처럼 보아도 보지 못하고 들어도 듣지 못하며 깨닫지 못하는 혼미케 하는 영이 뒤덮고 있었다.

여호와께서 이르시되 가서 이 백성에게 이르기를 너희가 듣기는 들어도 깨닫지 못할 것이요 보기는 보아도 알지 못하리라 하여 이 백성의 마음을 둔하게 하며 그들의 귀가 막히고 그들의 눈이 감기게 하라 염려하건대 그들이 눈으로 보고 귀로 듣고 마음으로 깨닫고 다시 돌아와 고침을 받을까 하노라 하시기로 사 6:9,10

또 유대인들의 얼굴에는 사도 바울이 말한 것처럼 수건이 덮여 있었다.

우리는 모세가 이스라엘 자손들에게 장차 없어질 것의 결국을 주목하지 못하게 하려고 수건을 그 얼굴에 쓴 것같이 아니하노라 그러나 그들의 마음이 완고하여 오늘까지도 구약을 읽을 때에 그 수건이 벗겨지

지 아니하고 있으니 그 수건은 그리스도 안에서 없어질 것이라

고후 3:13,14

이스라엘 땅에서 선인장 같은 유대인들과 부딪칠 때마다 그들을 감싸 안으려고 하면 할수록 깨어지고 부서지는 것은 늘 나 자신이었다. 어디 그뿐인가. 간혹 인터넷을 통해 잘나가는 친구나 후배 한의사들의 소식을 접할 때면 나는 한없이 작아졌다.

'내 나이 삼십 대, 한창 정신없이 뛰어야 할 청춘을 이렇게 이스라엘에 파묻힌 채 그대로 썩혀버리는 건 아닐까?'

나는 이스라엘에서 아무도 알아주는 사람 없이 완전히 잊혀질까 봐 두려웠다. 하지만 그때 성령님은 강력한 은혜로 나를 찾아오셨다. 그 순간 더 이상 내가 처한 상황을 개선시켜달라는 개인적인 기도는 감히 할 수 없었다. 아니, 그런 소소한 기도제목은 생각조차 나지 않았다. 마지막 때에 예루살렘에서 시작될 대부흥에 대한 갈망이 나를 얽매고 있던 자질구레한 기도제목들을 일순간에 덮어버린 것이다. 나는 이스라엘에 있는 유대인 교회와 리더십들, 이스라엘에서 힘겹게 사역하는 한인 선교사들과 한인 교회, 그리고 우리 가정을 파송한 온누리교회를 위해 간절히 기도했다. 기도의 지경은 점차 열방으로 확장되

었다.

이때 드린 새벽기도는 더 이상 의지적으로 힘겹게 쌓아가는 그런 새벽기도가 아니었다. 시끄러운 자명종이 울리기도 전에 성령님은 이미 따스하고 달콤하게 나의 귓가를 어루만지고 속삭이듯 나를 깨워주셨다. 세상에서 가장 달콤한 것이 새벽잠이라고 하는데, 나는 그런 새벽잠보다 몇 배는 더 달콤한 새벽기도의 신세계로 들어갔다.

어떤 날은 꿈속에서 하나님과 대화를 나누다가 깜짝 놀라 잠을 깨기도 했다.

"내게도 이런 일이 일어나다니! 할렐루야! 주님, 감사합니다. 정말 감사합니다!"

나는 마치 소풍 가는 아이처럼 들떴다. 하나님을 만나는 환희에 차서 매일 새벽마다 눈이 번쩍 떠지곤 했다.

성령으로
배부른 금식

어느 날은 온누리교회 새벽기도 분위기를 그대로 살리기 위해 침묵기도 테이프를 틀어놓고 나만의 골방으로 들어갔는데, 성령님이 정말 친숙하고 가깝게 다가왔다.

'이게 말로만 듣던 천국 보좌를 움직이는 기도, 하늘 보좌에 직접 상달되는 기도일까?'

어쩐지 지금 이 순간 아픈 사람에게 손을 얹고 기도하면 전부 나을 것 같다는 강력한 믿음이 들었다. 이스라엘뿐만 아니라 열방 곳곳을 불러가며 계속해서 기도를 드리다보니 한 시간만으로는 기도 시간이 부족했다. 그래서 그다음 날부터 차츰 일어나는 시간을 당겨 기도했다. 5시에 일어나던 것이 어느새 3시 반이 되었다. 그렇게 두 시간, 두 시간 반을 기도해야 겨우 기도를 마칠 수 있었다.

나는 내 심장에 붙여진 부흥의 불씨가 소멸되지 않고 계속해서 활활 타오르도록 하기 위해서 안식일마다 24시간 금식에 들어갔다. 한국에서 신앙생활을 할 때에도 금식기도라는 것은 해본 적이 없었다. 왜 굳이 굶으며 기도해야 하는지 그 이유를 알지 못했기 때문이다. 사실 선교 훈련 중에 12시간 금식하는 훈련이 있었다. 그러나 솔직히 고백하자면, 그때도 나는 온누리교회 앞에 있는 지하상가에 가서 몰래 떡볶이를 사 먹었다.

그랬던 내가 자진해서 금식기도에 들어간 것은 분명한 목적과 이유가 있었기 때문이다.

'육체적인 배고픔을 부흥에 대한 영적 갈망으로 승화시키리라!'

이때 내가 처음 했던 금식은 그야말로 성령으로 배부른 금식이었다.

당시 하나님께서 내 마음에 부어주신 부흥에 대한 갈망은 참으로 깊고도 깊었다. 그때의 갈망과 목마름을 어떻게 표현할 수 있을까?

대장 수술을 받기 위해 한국에 들어왔을 때였다. 병원에서 수술을 하기 전에 대장을 깨끗하게 비워야 한다며 관장약을 주었다. 그런데 식사도 하지 않은 채 두 번이나 관장약을 먹으니 나중에는 심각한 탈수 상태에 빠지게 되었다. 결국 나는 화장실을 쉴 새 없이 들락거리며 진액을 다 쏟아냈다.

'아, 의학 책에서만 보던 탈수가 바로 이런 느낌이구나!'

탈수로 인한 갈증은 평상시에 우리가 느끼는 목마름과는 완전히 차원이 다른 것이었다. 나는 너무 목이 말라 물을 벌컥벌컥 들이마셨다. 그런데 신기하게도 물을 마시고 또 마셔도 여전히 목이 말랐다. 단지 목이 마른 것이 아니라 내 몸에 있는 세포 하나하나가 간절하게 물을 원하고 있었다.

하나님께서 그때 내게 주신 부흥에 대한 목마름과 갈망이 정확히 그랬다. 나는 새벽을 깨워 두 시간 이상 기도했고 안식일마다 24시간 금식을 하며 기도했다. 학교 실험실에서도 틈만 나면 기도했다. 실험 도중 10분간 원심분리기를 돌려야 하면 타이머가 울릴 때까지 계속해서 중얼중얼 방언으로 기도했다.

하나님의 영광을
보여주소서

하루는 실험이 빨리 끝나서 일찍 집으로 돌아왔다. 오후 3시쯤이었던 것 같다. 나는 아이들이 갑자기 들어와 기도를 방해하는 것을 막기 위해 방 문 앞에 큼지막한 팻말을 붙여놓고 기도에 들어갔다.

'하나님과 밀회 중'

그날 내게 간절한 기도제목이 하나 있었기 때문이다.

실험실에서 점심도 굶어가며 《부흥》의 한 챕터를 읽을 때 내 마음에 소원함이 생겼다. 바로 모세의 기도와 관련된 내용이다.

모세가 이르되 원하건대 주의 영광을 내게 보이소서 출 33:18

모세의 이 기도는 출애굽기 32장에 나오는 '금송아지 우상 사건'을 배경으로 한다. 성막에 대한 규례를 받기 위해 시내 산에 올라간 모세가 아무리 기다려도 내려올 기미가 없자, 이스라엘 백성들은 아론을 충동질하여 금송아지 우상을 만들어 예배하는 패역을 저질렀다. 여기에 진노하신 하나님은 이스라엘 백성들을 진멸하시고 모세를 통해 새로운 민족을 이루겠다는 청천벽력과도 같은 계획을 모세에게 알리셨다.

이때 모세의 위대함이 드러난다. 모세는 황량한 광야에서 모래바람처럼 사라질 위기에 처한 이스라엘 백성들을 가슴에 품고 필사적인 중보기도에 들어갔다.

모세가 여호와께로 다시 나아가 여짜오되 슬프도소이다 이 백성이 자기들을 위하여 금 신을 만들었사오니 큰 죄를 범하였나이다 그러나 이제 그들의 죄를 사하시옵소서 그렇지 아니하시오면 원하건대 주께서 기록하신 책에서 내 이름을 지워버려 주옵소서 출 32:31,32

하나님은 결국 모세의 기도에 응답하셨다. 아마 여기까지가 그 유명한 금송아지 우상 사건과 모세의 중보기도에 대해 일반적으로 사람들이 알고 있는 부분일 것이다. 하지만 마틴 로이드 존스 목사님은 백성들을 위한 필사적인 중보기도가 응답된 후에도 계속 이어지는 모세의 기도에 특별히 주목한다.

누가 보아도 모세의 기도는 확실히 응답되었다. 그럼에도 그의 기도는 거기에서 그치지 않았다.

"원하건대 주의 영광을 내게 보이소서!"

성경에 나오는 인물 중 모세만큼 하나님과 친밀했던 사람이 또 있을까? 모세는 40일간 주야로 하나님과 대면하여 교제했던 사람이다. 하나님은 친구와 이야기하는 것처럼 늘 모세와 대면하여 말씀하셨다. 하지만 모세는 이것으로 만족하지 않았다. 그에게는 도저히 만족할 줄 모르는 영혼의 깊은 갈망이 있었다. 그것은 바로 하나님의 더 큰 영광을 보는 것, 그리고 하나님과의 더 깊고 친밀한 임재 속으로 들어가는 것이었다.

언뜻 보면 모세의 기도가 응답된 것처럼 보인다. 하지만 어쩌면 이것이야말로 모세가 항상 마음속에 품었던 진짜 기도제목이었을 것이다. 주의 영광의 더 깊은 세계로 들어가기 원했던 모세의 기도를 하루

종일 묵상하는 가운데, 나에게도 간절한 소원과 기도제목이 생겼다.

'주님, 내게도 모세에게 보여주셨던 그 영광의 일부라도 보여주세요!'

> 주 사랑 나를 붙드시고
> 주 곁에 날 이끄소서
> 독수리 날개 쳐 올라가듯
> 나 주님과 함께 일어나 걸으리
> 주의 사랑 안에
> _찬양 〈주께 가오니〉 중에서

평소 내가 좋아하는, 그리고 지금 이 순간 나의 간절함을 대변하는 듯한 〈주께 가오니〉 찬양을 들으며, 모세에게 보여주셨던 하나님의 영광을 내게도 보여달라고 간절히 기도했다. 비록 짝퉁 모세이기는 하지만, 나 또한 모세처럼 살려고 결단했기에 정말 필사적으로 매달렸다. 제발 모세에게 보여주셨던 그 영광의 한쪽 귀퉁이라도 보여달라고 간절히 하나님께 기도했다.

한참을 기도했을 때였다. 갑자기 형용할 수 없는 하나님의 은혜가 나를 덮었다. 마치 성령의 쓰나미가 강타한 것만 같았다. 갑자기 온

몸에 힘이 쫙 빠지고 맥이 풀렸다. 그 순간, 나는 하나님의 깊은 임재 속에 빨려 들어갔고, 모세에게 보여주셨던 하나님의 영광의 뒷모습이 내 눈 앞에서 살짝, 그것도 아주 살짝 스쳐 지나갔다.

여호와께서 또 이르시기를 보라 내 곁에 한 장소가 있으니 너는 그 반석 위에 서라 내 영광이 지나갈 때에 내가 너를 반석 틈에 두고 내가 지나도록 내 손으로 너를 덮었다가 손을 거두리니 네가 내 등을 볼 것 이요 얼굴은 보지 못하리라 출 33:21-23

그것은 두려움과 떨림, 환희와 희열, 세상에 존재하는 그 어떤 말로 도 감히 형용할 수 없는 신비한 경험이었다. 그 순간 갑자기 창자가 끊어지는 듯한 통증이 느껴졌다. 나는 배를 움켜잡고 통곡하며 절규 했다. 이전에는 한 번도 경험해보지 못한 통증이었다. 성전에서 기도 하다가 여호와를 본 이사야 선지자도 이런 통증을 느꼈을까?

화로다 나여 망하게 되었도다 나는 입술이 부정한 사람이요 나는 입 술이 부정한 백성 중에 거주하면서 만군의 여호와이신 왕을 뵈었음이 로다 사 6:5

방에서 기도한다던 남편이 대성통곡하며 절규하는 소리에 깜짝 놀랐던지 아내가 방으로 뛰어 들어왔다. 나는 그런 아내에게 아무 말도 할 수 없었다. 머리로는 '여보, 나 지금 기도 중이야'라고 했지만 차마 입술이 떼어지지 않았다. 여호와 앞에 서 있는 경외감으로 황홀한 중에 감히 그런 사적인 대화를 입에 올릴 수 없다고 생각했기 때문이다. 잠시 상황을 지켜보던 아내는 이내 안심하고 조용히 방을 나갔다.

나는 계속 기도했다. 그렇게 한참을 기도하던 중 두 번째 은혜가 찾아왔다. 하나님은 스데반이 돌에 맞아 죽을 때 보게 된 환상과 관련한 말씀을 보여주셨다.

> 스데반이 성령충만하여 하늘을 우러러 주목하여 하나님의 영광과 및 예수께서 하나님 우편에 서신 것을 보고 행 7:55

하나님은 스데반이 순교하는 상황에서 놀라운 환상을 보여주셨다. 그것은 하나님의 영광과 예수님이 하나님 우편에 서신 장면이었다. 평소 같으면 하나님 보좌 우편에 앉아 계실 예수님께서 스데반이 순교하는 순간 얼마나 다급하셨으면 벌떡 일어나 서 계셨을까? 그것은 아마 자신의 사랑하는 종 스데반이 복음을 전하다가 돌에 맞아 죽는 모습이 너무 안타깝고 마음이 아파서였을 것이다.

이 환상을 본 스데반은 얼굴이 천사와 같이 변하며 놀라운 평강 가운데 최후를 맞이했다. 스데반은 돌에 맞아 죽는 순간에도 그 어떤 두려움이나 통증을 느끼지 않았을 것이다. 하나님께서 스데반에게 성령의 두루마기를 입혀주셨기 때문이다. 이것이 바로 성령의 마취이다.

이 말씀을 묵상하던 중 하나님은 내게 불현듯 이런 깨달음을 주셨다.

'그래, 맞아! 스데반에게 그렇게 하신 것처럼 내가 만약 순교하는 상황에 처할 때 내게도 성령의 두루마기를 덮어주실 거야. 생각만 해도 황홀한 성령의 마취! 지금 보여주셨던 하나님의 영광의 뒷모습을 그때도 다시 보여주시겠지?'

생각이 여기에 미치자 나는 갑자기 이스라엘에서 선교를 하다가 기쁨으로 순교할 수 있다는 믿음이 생겼다.

하나님은 그리 짧지도 길지도 않은 4주의 시간 동안 나를 기도의 용광로 속에 집어넣어 무섭게 단련하셨다. 날마다 신령한 은혜를 부어주셨다. 그러나 무엇보다 최고의 선물은 하나님의 영광의 뒷모습을 보여주신 것과 순교도 기꺼이 할 수 있다는 믿음을 주신 것이다.

이때 하나님이 부어주신 특별한 은혜야말로 우리 가정이 11년 동안 안식년도 없이 이스라엘에서 사역을 지속할 수 있게 해준 든든한 버팀목이자 더 나아가 놀랍게 도약하고 비상할 수 있는 영적인 에너지가 되었다.

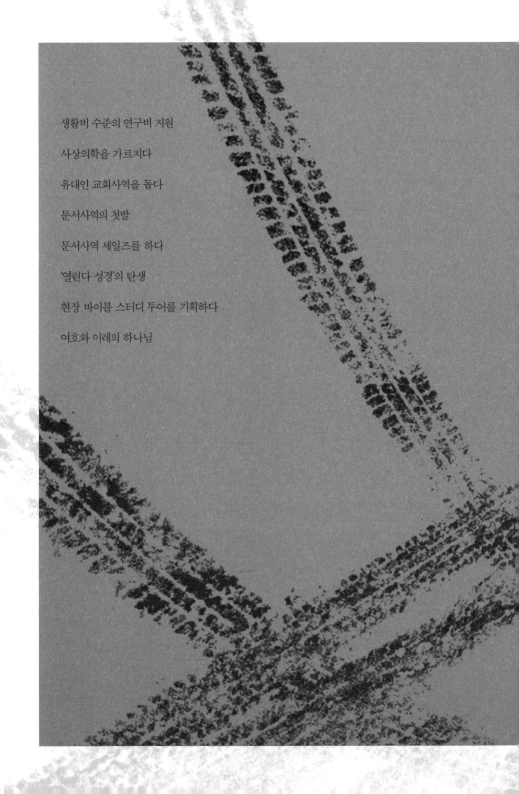

생활비 수준의 연구비 지원

사상의학을 가르치다

유대인 교회사역을 돕다

문서사역의 첫발

문서사역 세일즈를 하다

'열린다 성경'의 탄생

현장 바이블 스터디 투어를 기획하다

여호와 이레의 하나님

PART 6

이스라엘 회복을 위한
문서사역

생활비 수준의
연구비 지원

4주간의 기도를 통해 나는 영적으로 더없이 충만해졌다. 하지만 그럼에도 전혀 달라지지 않는 것이 하나 있었다. 바로 더 이상 버틸 수 없을 만큼 바닥난 우리의 재정 상태였다.

하지만 나는 홍해 앞에 선 모세처럼 분명한 믿음이 있었다. 하나님이 내 앞을 가로막고 있는 홍해를 가르셔서 바닥을 드러내게 하실 것이라는 믿음이 있었다. 그 믿음 역시 분명 기도를 통해 하나님께서 내 속에 심어주신 것이리라.

"그래, 죽을 각오로 한번 이스라엘에서 끝까지 버텨보자!"

하나님은 역시 신실하셨다. 내 앞을 가로막고 있던 홍해가 정말로 갈라지는 역사가 일어난 것이다!

당시 나는 석사 준비 과정, 석사 본 과정을 마치고 조심스럽게 박사 과정의 문을 두드리고 있었다. 그러나 이스라엘 경제 상황이 좋지 않아서 연구비 조달이 힘들어졌기 때문에 각 연구실마다 박사 과정의 문은 그리 넓지 않았다. 그도 그럴 것이 이스라엘 학생들이 우선이고 나 같은 외국인 학생은 순위에서 밀릴 수밖에 없었기 때문이다.

하지만 하나님은 이런 악조건 속에서도 박사 과정의 문을 활짝 열어주셨다. 더 놀라운 것은 박사 과정 학생들에게 매달 지급되는 연구비였다. 박사 과정 학생들은 평균적으로 매달 100퍼센트에서 120퍼센트(900~1000불 정도)의 연구비를 받는다. 그런데 내게 박사 과정의 문을 열어주신 세 분의 교수님은 각각 50퍼센트씩, 총 150퍼센트의 연구비를 지급하겠다고 하시는 게 아닌가! 게다가 학교에서 100퍼센트의 장학금이 추가로 지급되는 상황이 되었다. 할렐루야! 석사 과정을 마칠 때 쓴 졸업 논문이 기형학 관련 저널에 실렸고, 또 28학점을 이수해야 하는 석사 과정의 평균 점수가 높았기 때문이다.

나는 히브리대학교 의과대학의 박사 과정 학생 중에서도 유일하게 총 250퍼센트라는 어마어마한 연구비를 받으며 박사 과정에 들어가게 되었다. 첫 두 달간은 250퍼센트의 연구비를 받았다. 하지만 박사 과정 학생의 연구비 지원이 200퍼센트로 제한되어 있어서, 4년간 매달 200퍼센트의 연구비를 받으며 박사 과정을 무사히 마칠 수 있었다. 하나님은 역시 그분을 찾고 굳게 신뢰하는 자에게 상(賞)을 주시는 신실한 분이셨다.

믿음이 없이는 하나님을 기쁘시게 하지 못하나니 하나님께 나아가는 자는 반드시 그가 계신 것과 또한 그가 자기를 찾는 자들에게 상 주시는 이심을 믿어야 할지니라 히 11:6

석사 준비 과정 때 7과목에서 27학점을 받아야 해서 하늘이 노래졌던 것이 엊그제 같은데, 이런 날이 오리라고는 상상도 하지 못했다. 그동안 힘겹게 보낸 시간들이 파노라마처럼 머릿속을 스쳐 지나갔다.

그러고 보면 위기 때마다 하나님께서는 나를 도우셨다. 석사 준비 과정 때였다. 재시를 보기 전날, 나는 담당 교수님을 찾아가 시험 문제를 영어로 번역해달라고 부탁드렸다. 히브리어로 된 다섯 장이나 되는 문제를 두 시간 만에 풀어야 한다는 것이 내게는 엄청난 중압감으로 다가왔기 때문이다.

사실 나는 첫 시험 때 문제를 읽다가 이해가 안 되어 읽고 또 읽으면서 시간을 흘려보냈다. 그래서 어쩔 수 없이 마지막 다섯 문제는 그냥 찍어서 헐레벌떡 답안지를 냈다. 하지만 재시는 내게 주어진 마지막 기회였다.

나는 교수님께 간곡히 부탁했다.

"제발 영어로 번역해주세요."

내 절실함이 통했던 걸까? 교수님은 나 혼자 보는 재시험을 위해 문제를 친히 영어로 내주겠다고 했다. 나는 염치없게 하나 더 부탁했다.

"제한 시간을 두지 말아주세요. 제가 다 풀 때까지 기다려주세요."

교수님은 어이가 없다는 듯 실소를 보였다. 그러더니 한참 나를 쳐다보고는 불쌍히 여겨졌는지 이 요청도 흔쾌히 들어주었다. 그렇게 나는 첫 시험에서 탈락한 과목의 재시를 영어로, 그것도 시간제한 없이 무려 다섯 시간 동안 시험을 보았다. 결과는 84점으로, 첫 과목을 무사히 통과했다.

나는 석사 준비 과정으로 부여받은 27학점을 세 학기에 걸쳐서 힘겹게 통과했다. 그런데 이때 약간의 문제가 있었다. 아셀 교수님의 연구 프로젝트는 석사 과정을 졸업하기 위해 실험 점수를 받아야 하는 필수 코스였다. 물론 세 학기가 지났을 때 실험도 거의 끝났고 논문도 거의 완성되어 기형학 저널에 넘기기만 하면 되는 상황이었다. 하지만 그때까지도 나는 석사 과정 졸업을 위한 28학점의 코스워(course work)은 시작도 하지 못한 상태였다. 한마디로 언밸런스(unbalance) 상태였다. 교수님은 내게 최대한 빨리 코스워을 마치라고 다그치기 시작했다.

석사 준비 과정에서 혹독한 훈련을 받았기 때문일까. 나는 석사 과정 졸업을 위한 28학점의 코스워이 너무 쉽게 느껴졌다. 일단 석사 과정의 과목들은 시험이 없고 페이퍼나 프레젠테이션만으로 점수를 주기 때문이다. 시험이 없다는 것만으로도 나는 엄청난 해방감을 느꼈다. 나는 28학점의 코스워을 한 학기에 모두 신청했다. 이를 본 유대인 친구들은 나의 무모한 시도를 극구 말렸다. 그것은 이스라엘 학생이라도 감당하기 힘든 불가능한 미션이라는 것이다.

친구들은 마치 나를 돈키호테 보듯 쳐다보았다. 그들은 하나같이 내게 이렇게 말하는 듯했다.

"에이 말도 안 돼, 이스라엘 학생도 2년에 걸쳐서 하는 28학점의 코스워을 한 학기에 모두 마친다고?"

코스워을 최대한 빨리 마치라고 다그쳤던 아셀 교수님도 내 수강신청서에 최종 사인하는 것을 주저했다.

"교수님, 한번 해볼게요. 자신 있어요."

교수님은 긴가민가하며 사인을 해주셨다. 솔직히 한 학기 안에 28학점의 코스웍을 다 넣는다는 것은 일단 시간적으로 불가능했다. 그래서 나는 같은 시간대에 두 과목을 신청하는 무리수를 뒀다. 이럴 경우 출석이 필수인 과목을 우선적으로 듣고, 출석 체크를 안 하는 과목은 간혹 수업에 모습을 드러내는 식으로 한 것이다.

나는 동에 번쩍 서에 번쩍 하며 마지막 한 한기를 보냈다. 그리고 무사히 28학점의 석사 과정 코스웍을 끝냈다. 바로 이때 점수가 좋아서 박사 과정에 올라갈 때 학교로부터 100퍼센트의 장학금을 추가로 받게 된 것이다. 할렐루야!

내 눈에서 기쁨과 감격의 눈물이 주르르 흘러내렸다. 나는 조용히 눈을 감고 하나님께 감사의 기도를 드렸다.

사상의학을 가르치다

하나님의 은혜는 박사 과정에 올라가서도 계속되었다. 당시 아셀 교수님의 연구실에서는 실험을 할 때 보통 샘플의 수가 500개를 넘지 않았다. 그런데 박사 학위 첫 프로젝트로 받은 나의 연구는 세 분의 지도교수님 아래에서 하는 통합 프로젝트라 압도적으로 많은 2,000개의 샘플 수가 필요했다. 하루에 10개씩 검사하는 재래식 실험 기법으로 2,000개가 넘는 샘플을 검사하는 것은 시간 낭비였다. 그래서 나는 새로운 실험 기법을 찾아 고민했다.

그때 나는 최신 연구 논문들을 뒤적거리다가 96개의 샘플을 동시에 검사하는 '웰'(Well)을 보았고, 이 방법을 내가 하는 프로젝트에 적용해보았다. 결과는 대성공이었다. 이 실험 기법대로 할 경우 하루에 200개에서 300개의 샘플을 거뜬히 검사할 수 있었고, 또 기존의 기법보다 오차율도 현저히 낮아졌다. 이후 실험실에서는 내가 고안해낸 이 기법을 보편적으로 사용하게 되었다.

새로운 실험 기법을 적용하니 2년으로 계획한 실험 프로젝트가 6개월 만에 끝이 났다. 세 분의 지도교수님은 무척 만족해하며 이 실험 결과를 당뇨병 관련 저널에 보냈고, 몇 번의 수정을 거친 끝에 실리게 되었다.

세 분의 지도교수 중 한 분인 코헨 교수님은 내게 재미난 농담을 던졌다.

"리오르(나의 히브리식 이름, "그분의 빛이 나에게"라는 뜻)! 너 이러다가 남들은 4, 5년이 걸리는 박사 과정을 1년 안에 마치겠다."

그러나 나는 박사 과정을 빨리 마치는 게 목적이 아니었다. 4년간 내가 받을 수 있는 200퍼센트의 장학금을 꼬박꼬박 받으며, 학생으로서 비자를 안정적으로 연장하고, 이스라엘에 남아 계속 사역하는 것이 목표였기 때문이다. 첫 프로젝트를 성공적으로 마친 이후 나는 4년의 시간에 맞게 실험 속도를 조정해가며 보냈다.

그즈음 나는 공부에 대한 부담도 많이 줄고 학생으로서의 생활도 완벽하게 적응하게 되어, 꾸준히 집으로 찾아오는 유대인 환자들을 돌보며 관계 전도를 계속해나갔다. 그러면서 유대인 한의사인 엘리에게 한국의 독창적인 한의학인 사상의학(四象醫學)을 가르치기도 했다.

엘리는 태권도를 비롯해 한국 문화에 유독 관심이 많은 유대인 한의사였다. 이스라엘에 있는 한인을 통해 태권도를 배우던 엘리는 한국에서 온 한의사가 있다는 말에 귀가 솔깃했는지 먼저 내게 만나자고 연락해왔다. 그리고 직접 만났을 때, 엘리는 중국에서 한의학을 배울 때 한국의 사상의학에 대해서 귀동냥으로 들은 적이 있다며 일대일로 사상의학을 가르쳐달라고 정중하게 부탁했다.

나는 그 후 2년 동안 사상의학의 원전인 이제마의 《동의수세보원》(東醫壽世保元)을 가지고 엘리를 가르쳤는데, 참 신기하게도 엘리는 한자에도 익숙할 뿐만 아니라 수업을 잘 소화해냈다. 나중에는 한국의 독특한 한의학인 사상의학을 유대인들에게 알리는 책을 엘리와 함께 공저로 출간하기도 했다.

엘리는 내게 침술에 관심이 많은 유대인 마사지 치료사 그룹을 연결해주었고, 나는 그들을 모아 침술의 기초가 되는 '경혈학'을 가르치기도 했다.

한편 사상의학을 임상에 적용하여 탁월한 효과를 본 엘리는 이스라엘에 한의학 학교를 함께 세워보자고 내게 제안해왔다. 지금 있는 중국계 한의학이 아닌 한국 한의학 학교를 세우면 충분히 경쟁력이 있을 것이라고 본 것이다.

프로젝트가 진행되면서 나는 엘리와 함께 한국에 가서 경희대 한의
과대학 학과장이신 안규석 교수님과 한방병원장인 류봉하 교수님을
만났다. 우리가 이스라엘에 세울 한의학 학교를 졸업한 학생들에게
경희대학교 한의과대학의 수료증을 발급해줄 수 있는지 알아보기 위
해서였다. 감사하게도 학교 측에서는 흔쾌히 승낙해주었다. 하지만
아쉽게도 이스라엘 정부와 협상이 되지 않아 이 프로젝트는 실현되지
못했다.

유대인
교회사역을 돕다

두 아이가 커서 학교와 유치원에 들어가자 아내는 초기에 잠깐 배우다가 그만두었던 히브리어 공부를 다시 시작했다. 이를 통해 하나님은 우리에게 새로운 사역의 길을 열어주셨다.

아내는 울판에서 히브리어를 공부하다가 러시아에서 귀환한 어느 유대인 사역자 부부를 알게 되었다. 그들은 미국에 있는 한인 교회에서 러시아로 파송한 선교사를 통해 복음을 듣고 영접했으며, 이후 자신들의 남은 삶을 고국인 이스라엘에서 복음을 전하는 데 헌신하고자 이민 온 선교사들이었다.

그 부부는 러시아계 유대인을 대상으로 가정에서 작게 교회를 시작했고, 나와 아내는 이 예배에 정기적으로 참석했다. 10명 내외였던 교인이 얼마 지나지 않아 20명으로 늘게 되면서 우리는 새로운 예배 장소를 찾아야 했다.

나의 하나님이 그리스도 예수 안에서 영광 가운데 그 풍성한 대로 너희 모든 쓸 것을 채우시리라 빌 4:19

그 순간 하나님은 이스라엘에 온 단기 선교 팀을 통해 필요한 재정을 채워주셨다. 정말 모든 쓸 것을 채우시는 하나님이셨다. 우리는 60명 정도는 족히 모일 수 있는 거실이 딸린 큰 집을 빌렸다. 그리고 이 집에서 일주일에 네 번의 모임을 가졌다. 일요일은 리더십 모임으로, 수요일은 성경공부로, 금요일은 예배 준비 기도 모임으로, 그리고 토요일은 안식일 예배로 모였다.

나와 아내는 1년 반 동안 이 교회를 헌신적으로 섬겼다. 아내는 매주 안식일 예배 때마다 풍성한 한국 음식을 준비했고, 나는 한 달에 한 번씩 영어로 설교했다. 한번은 박영선 목사님의 책 《구원 그 즉각성과 점진성》을 중심으로 사사기를 강해했다. 러시아 출신의 유대인들에게 잘 맞는 주제라 생각했기 때문이다.

현대 국가 이스라엘은 전 세계에서 귀환한 유대인들로 구성된 이민

국가의 성격이 강하다. 그중에서도 러시아계 유대인들이 절대 다수를 차지하는데, 이것은 구소련이 붕괴되면서 스탈린 체제 이후 그곳에 억류되어 있던 수백만의 유대인들이 한꺼번에 이민을 왔기 때문이다.

러시아계 유대인들은 그 수가 워낙 많기 때문에 히브리어를 잘하지 못하는 경우가 많다. 그래서 이스라엘 사회의 주류층에 들어가지 못하고 대부분 하류층에 머문다. 러시아계 이민자들이 갑자기 급증하면서 이스라엘 사회에는 주택, 실업, 학교 문제를 비롯해 이전에는 흔치 않던 마약중독자, 알코올중독자, 거지들이 심각한 사회 문제가 되기도 했다.

아무래도 삶이 고달프고, 과거 무신론적인 공산주의에서 살다보니 복음을 제시할 때 가장 먼저 반응을 보이는 그룹 역시 러시아계 유대인들이다. 우리가 섬기는 교회를 찾는 사람들도 대체로 이런 사람들이 많았다. 과거 알코올과 마약에 중독되었던 사람도 있었고, 지금도 여전히 술과 담배로 찌들어 신앙생활 하는 경우가 대다수였다. 나는 사사기 설교를 통해 이들이 처한 신앙의 현주소를 정확히 진단해주고 어떤 목표를 향해 나아가야 할지 알려주고자 했다.

유대인 사역자 부부와 함께 헌신적으로 성도들을 섬긴 지 1년쯤 지났을 때였다. 성도 수는 60명 정도로 늘었고, 교회 창립 1주년 기념 예배 때는 갈릴리 호수로 가서 목사님과 함께 8명에게 세례를 주었다.

성도 수가 많이 늘어나자 가정집 거실에서 예배를 드리기에 어느덧 한계에 도달했다. 예배 때 찬양 소리로 인해 이웃들의 불평 소리가 높았기 때문이다. 유대인 사역자 부부는 더 넓은 예배 처소를 찾았고, 우리는 1년 만기로 계약한 집에서 나와 새로운 곳으로 이사를 했다. 그 교회는 안정적으로 성장했고, 우리는 유대인 사역자 부부를 축복하며 원래 섬기던 유대인 교회로 다시 돌아왔다.

문서사역의
첫발

이때 하나님은 우리 가정에 전혀 새로운 사역을 예비하셨다. 바로 〈이스라엘투데이〉를 통한 문서사역이다.

내가 출석하던 유대인 교회의 리더십 중에는 〈이스라엘투데이〉라는 월간지의 발행인인 아비엘 슈나이더 씨가 있었다. 이 잡지는 감추어진 선교지, 하지만 예수 그리스도의 재림 직전에 반드시 회복되어야 할 선교지인 이스라엘의 상황을 정치, 경제, 사회, 문화 등 다양한 섹션으로 나누어 자세히 알리는 선교 지향적 잡지이다.

예루살렘에 위치한 본사에는 30명가량의 직원들이 일하는데, 그중 절반 정도가 예수를 믿는 유대인이다. 이 잡지는 매달 영어, 독일어,

일본어, 네덜란드어로 발행되는데, 잡지의 발행인인 아비엘이 나를 찾아와 내가 이 잡지의 한국어판을 맡아 섬기면 어떻겠느냐고 제안해왔다. 나는 이런 일에 완전히 문외한이라 주저했지만, 이스라엘의 회복을 알리는 데 문서사역만큼 효과적인 게 없을 것 같아 한번 기도해보겠다고 했다.

나는 신앙적인 위기가 있을 때마다 신앙서적을 읽고 도약한 경우가 많았기 때문에 문서사역에 대한 남다른 애착이 있었다. 내가 이스라엘 선교에 눈을 뜨게 된 것도 한 권의 책을 보면서부터였고, 선교 단체에서 교회로 옮기게 되는 과정에서도, 이스라엘에서 영적인 재도약을 이룰 수 있었던 것도 모두 한 권의 책을 통한 성령의 역사와 기름부으심이었다.

나는 이스라엘 선교사로서 이스라엘을 알리는 정기 간행물이 꼭 필요하다고 생각했다. 그것은 선교지로서 이스라엘의 특수성 때문에 느낀 것이다. 예를 들어 교회에서 아프리카를 선교하자고 하면 곧바로 어떻게 선교할 것인가의 주제로 넘어갈 수 있지만 이스라엘을 선교하자고 하면 왜 이스라엘을 선교해야 하느냐는 원초적인 문제부터 시작해야 하는 경우가 대부분이다. 그렇다. 아직까지 이스라엘은 성지로, 성지순례지로서만 각인되어 있을 뿐이다.

마지막 때가 가까워오면서 선교지 이스라엘에 대한 관심은 점차 늘고 있지만, 이스라엘은 여전히 신비 속에 감추어져 있는 선교지이다. 신실한 그리스도인들의 기도제목에도 이스라엘은 없다. 마치 유대인들이 구약성경을 그렇게 열심히 읽으면서도 그 안에 계시된 예수 그리스도를 보지 못하는 것처럼, 우리 그리스도인들은 성경에 무수히 약속되어 있는 이스라엘의 회복에 대해 보지 못한다. 우리는 유대인들을 가리켜 영적인 장님이라고 말하지만, 이스라엘에서 예수를 믿는 유대인들은 성경에서 이스라엘의 회복을 보지 못하는 이방 그리스도인들을 보고 영적인 장님이라고 말한다. 어쩌면 우리 모두 장님일지도 모른다.

'어떻게 하면 〈이스라엘투데이〉 한국어판을 창간할 수 있을까?'

이런 고민을 하다가 한국의 중보자들에게 기도를 요청했다. 그런데 이때 어느 이스라엘 선교 단체에서 연락이 왔다. 잡지가 나오면 1년간 200부를 구독하겠다고 약속한 것이다. 이것이 작은 씨앗이 되었고, 마침내 2006년 10월 〈이스라엘투데이-한국어판〉 제1호를 발행하게 되었다.

문서사역을 시작한 후로 나는 다른 일을 할 수 없을 만큼 정신없이 바쁜 시간을 보냈다. 월간지라는 것을 익히 알고 시작했는데도 왜 그렇게 한 달이 빨리 돌아오는지 나중에는 시간 가는 게 두려울 지경이었다. 나는 잡지의 번역, 인쇄, 보급 등을 혼자서 모두 책임지며 동분

서주했다. 이스라엘을 찾는 한국인 성지순례자들에게도 이 잡지를 알리기 위해 이스라엘의 한국인 가이드, 한국인 여행사 사장님들을 만나러 다녔다.

한국에도 이스라엘을 위해 중보기도 하는 교회와 성도님들이 점차 늘어나고 있으니 열심히 하면 머잖아 구독자와 후원자가 늘어나리라 생각했다. 하지만 1년의 시간이 흐르고 나는 이것이 나만의 착각임을 깨달았다. 구독자는 크게 늘어나지 않았고, 1년이 지난 시점에서 결산해보니 7천2백만 원이라는 어마어마한 빚만 쌓였다.

아직까지 한국의 많은 성도들은 '성지순례지'로서의 이스라엘에는 관심이 있었지만 '선교지'로서의 이스라엘에는 그다지 관심이 없었다. 나를 더욱 힘들게 한 것은 이스라엘을 위해 중보하는 소수의 그룹들마저 골방에서 하나님의 계시하심을 따라 혼자 기도하는 데 익숙하지 이스라엘을 알리는 유일한 선교 잡지인 〈이스라엘투데이〉를 구독하며 이스라엘의 상황을 알고 공부하는 데는 별 관심이 없음을 확인하게 된 것이었다.

'잡지를 폐간해야 하나, 계속 발행해야 하나? 폐간한다면 7천2백만 원의 빚은 어떻게 청산하지?'

한시라도 빨리 대책을 마련해야 했다. 이대로 머뭇거리다가는 빚만

산더미처럼 불어날 것이 뻔했다. 본래 많던 새치가 〈이스라엘투데이〉 사역을 시작한 뒤로 더 눈에 띄게 늘어만 갔다. 아무런 경험이 없던 문서사역에 뛰어들었다가 진퇴양난에 처하자 급기야 하나님이 원망스러웠다.

분명 하나님의 인도하심에 대한 확신을 갖고 시작한 일이었다. 이 일을 통해 많은 기쁨과 보람도 느꼈다. 그리고 하나님께서 이 일을 통해 하실 일들에 대한 기대감으로 한껏 부풀어 있었다. 하지만 그런 기대감이 절망으로 바뀌는 데는 그리 오랜 시간이 걸리지 않았다.

문서사역
세일즈를 하다

　코너에 몰린 〈이스라엘투데이〉의 상황을 놓고 기도하던 중 하나님은 직접 해외 세일즈를 나가도록 방향을 알려주셨다. '세일즈'는 전혀 해보지 않은 일이었지만, 폐간할 때 폐간하더라도 할 수 있는 방법은 다 해봐야겠다는 절박감이 있었기에 순종의 자리로 나아갈 수 있었다.

　이때 제일 먼저 생각난 분이 당시 뉴저지초대교회를 담임하시던 이재훈 목사님이었다. 나는 목사님께 이메일을 보내서 3일만 시간을 주시면 〈성경과 식물〉이라는 주제로 재미난 세미나를 할 수 있고 절대 실망시키지 않겠다고 약속했다. 당시 나는 친구인 장재일 목사를 통해 성서시대 유대인들의 문화와 풍습이라는 관점에서 성경을 읽고 해석하는 책들을 소개받아 읽으면서 성경 연구의 새로운 세계에 푹 빠져 있었다. 그중에서도 '식물'을 주제로 정한 것은 아무래도 한의사라는 나만의 독특한 이력을 잘 살릴 수 있으리라는 생각이 들었기 때문이다.

이재훈 목사님은 내가 보낸 이메일에 흔쾌히 승낙해주셨고, 나는 2007년 12월 뉴저지로 향하는 비행기에 올랐다. 같은 해 6월 이재훈 목사님과 장로님 부부 30여 분이 이스라엘을 방문했을 때 나는 6박 7일간 뉴저지초대교회 성지순례 팀을 섬기며 기존의 성지순례와는 전혀 다른 바이블 스터디 콘셉트의 새로운 성지순례를 선보였다.

UBF에서 다년간 성경을 공부하고 가르치며 축적된 노하우, 친구인 장재일 목사의 소개로 공부하게 된 '유대적 배경에서 이해하는 성경공부'가 큰 도움을 주었다. 6박 7일의 일정을 마쳤을 때 초대교회 성지순례 팀은 매우 만족해했고, 이재훈 목사님도 지금까지 여러 번 성지순례를 왔지만 이렇게 은혜로운 성지순례는 처음이었다며 마음껏 축복해주셨다. 특히 목사님은 단순한 여행으로 끝날 수 있는 성지순례를 성경의 무대인 이스라엘에서 하는 환상적인 바이블 스터디로 업그레이드시킨 점을 지목하며 이 프로그램을 잘 다듬어 독자적인 스쿨로 만들면 한국 교회에 큰 유익이 될 것 같다고 격려해주셨다.

이때 좋은 제안을 받기도 했다. 성지순례 팀원 중 미국 대학의 종신

교수로 계신 분이 있었는데, 그 분이 자기가 있는 대학의 간호학과 교수로 나를 채용하고 싶다고 한 것이다. 해부학, 생리학, 발생학 등 원한다면 아무것이나 강의해도 좋다고 했다. 물론 좋은 기회였지만, 나는 이스라엘에서 해야 할 사역이 있었기에 이를 정중히 거절했다.

12월의 추운 겨울, 초대교회에서 3일간 계획된 〈성경과 식물〉 세미나는 중간에 폭설이 오면서 하루 일정이 취소된 탓에 이틀간만 진행되었다. 그러다보니 준비해간 20쪽 분량의 강의안을 절반도 소화하지 못했다. 아쉽지만 이대로 접어야 하나 싶었는데, 세미나에 참석한 많은 분들의 폭발적인 반응으로 남은 분량을 모두 끝낼 때까지 3일간 연장하여 진행할 수 있는 은혜를 주셨다.

세미나의 전 과정을 들으신 이재훈 목사님은 내용이 정말 참신하고 좋다며 칭찬을 아끼지 않으셨다. 목사님은 서빙고와 양재에 있는 온누리교회에 연락해서 세미나를 주선해주셨고, 두란노에서 세미나 내용이 책으로 출간될 수 있도록 다리를 놓아주셨다. 세미나를 마치고 떠나는 날 이 목사님은 내게 이런 약속을 해주셨다.

"앞으로 선교사님이 하시는 사역을 제가 직접 매니지먼트 해드릴게요."

할렐루야! 〈이스라엘투데이〉 사역으로 궁지에 몰렸던 나는 그야말로 천군만마를 얻은 것 같았다. 뉴저지초대교회에서 했던 〈성경과 식물〉 세미나의 반응은 그야말로 '대박'이었던 것이다.

나는 세미나를 마친 후 참석자들에게 〈이스라엘투데이〉 잡지를 나눠주고 이 사역을 통한 비전을 간단히 소개했다. 세미나를 통해 이미 은혜를 받은 성도들은 흔쾌히 잡지를 구독해주셨고 후원금도 내주셨다. 초대교회에서도 교회 차원에서 매달 300불을 후원하겠다고 약속했다.

'열린다 성경'의
탄생

이듬해 3월, 나는 이재훈 목사님이 주선해 주신 대로 서빙고와 양재 온누리교회에서 〈성경과 식물〉 세미나를 인도하기 위해 한국으로 갔다. 월요일에는 양재, 목요일에는 서빙고를 오가며 나는 세미나를 인도했다. 전혀 새로운 개념의 성경공부에 대한 온누리교회 성도들의 반응은 역시 뜨거웠다. 세미나를 마치고 나는 목적한 대로 〈이스라엘투데이〉 잡지를 나눠드린 다음 구독과 후원을 당부했다.

세미나가 없는 시간에는 선교사 숙소에 틀어박혀 강의 내용을 가지고 열심히 원고를 썼다. 이미 몇 차례 했던 강의여서 그런지 원고를 쓰는 데 별 어려움이 없었다. 하지만 원고를 쓰는 내내 나는 강력한 하나님의 은혜가 나를 덮고 있는 것을 느꼈다. 참으로 신비한 경험이었다. 하나님은 이 책을 통해 당신이 크게 하실 일이 있음을 알려주셨다. 이미 〈이스라엘투데이〉를 통해 이스라엘을 알리는 문서사역을 하고 있었지만, 당시 쓰던 원고도 새로운 개념의 문서사역이 될 것이라고 알려주셨다.

아무래도 이스라엘의 정치, 경제, 사회, 문화와 관련된 소식만 전하는 〈이스라엘투데이〉는 이스라엘에 관심이 있는 소수의 중보자들로 그 대상과 범위가 제한적일 수 있다. 하지만 〈성경과 식물〉 원고는 성경을 알고자 하는 모든 성도들로 그 범위가 무한히 확장되면서 성서시대 유대인들의 문화와 풍습이라는 관점을 통해 자연스럽게 이스라엘 땅에 대한 관심을 불러일으킬 수 있었다.

원고를 쓰는 동안 나는 흥분했고 한없이 감사했다. 원고는 썼다 지웠다 하는 과정이 거의 없이 그야말로 일사천리로 진행되었다. 때론 자판을 치는 내 손가락의 속도가 하나님께서 내 머릿속에 떠올려주시는 문장을 도저히 따라가지 못할 지경이었다. 세속에 있는 글쟁이의 표현을 빌리자면, 글발이 마구마구 받는 그런 느낌이었다.

드디어 원고를 완성하고 깊은 숨을 내쉬고 있을 때 두란노 출판사에서 전화가 왔다. 온누리교회에서 하고 있는 세미나의 내용으로 책을 내고 싶다는 것이었다. 그 순간 나는 다시 한 번 놀랐다.

'어쩌면 하나님이 계획하신 타임 스케줄은 이렇게도 정확할까?'

이미 29살에 한의학 관련 책을 낸 적이 있었지만, 성경과 관련해서는 《열린다 성경 - 식물 이야기》가 나의 처녀작이다. 원고를 완성하기까지 열흘, 이렇게 《열린다 성경》이 탄생됐다. 할렐루야!

《열린다 성경》이 유명세를 타면서 선교 잡지인 〈이스라엘투데이〉도 덩달아 알려졌다. 조금씩 구독자와 후원자가 늘었고 잘하면 빚도 다 갚을 수 있다는 소망이 생겼다.

2008년 6월, 나는 다시 뉴저지초대교회를 방문했다. 지난번 〈이스라엘투데이〉 구독자들이 1년밖에 신청하지 않아 구독 연장을 받기 위해서였다. 좀 더 새롭게 다가가고자 이번에는 〈성경과 광야〉라는 주제로 세미나를 열었다. 이 세미나 역시 나중에 《열린다 성경 - 광야 이야기》라는 제목으로 출간되었다. 감사하게도 이재훈 목사님은 두 번째 방문 때는 미국의 동부, 중부 그리고 서부에 있는 대형 한인 교회에서 세미나를 할 수 있도록 연결해주셨다.

2008년 8월, 《열린다 성경 - 식물 이야기》가 출간된 이후 나는 1년의 절반은 이스라엘에 있고 나머지 절반은 한국과 미국, 유럽으로 다니며 세미나 인도와 〈이스라엘투데이〉 구독자와 후원자 발굴에 모든 에너지를 쏟았다. 그사이에 책도 쉴 새 없이 출간되었고, 나중에 이것이 《열린다 성경》 시리즈로 묶이게 되었다.

하나님은 처음《열린다 성경 - 식물 이야기》원고를 쓸 때 비밀스럽게 알려주셨던 것처럼 이 책을 높이 들어 쓰셨다. 《열린다 성경》시리즈는 2009년 기독교 출판문화상에서 '신앙일반' 분야 최우수상을 받았고, 기독교 출판물로는 흔치 않게 낱권보다 7권의 세트가 더 많이 팔리는 진기록을 세우기도 했다.

현장 바이블 스터디 투어를
기획하다

|그렇게 한국과 미국 그리고 유럽을 정신없이 오가며 세미나를 인도하던 중 하나님은 불현듯 내게 이런 지혜를 주셨다.

'이제는 사람들을 이스라엘로 불러 모아 제대로 된 스쿨을 하나 개설하면 어떻겠니?'

나는 몇 년 전 초대교회 성지순례 팀을 섬겼던 때의 유쾌한 기억과 그때 이재훈 목사님이 해주셨던 아낌없는 축복을 떠올리며 신개념의 성지순례 기획에 들어갔다. 그때 생각한 것은 일주일이라는 짧은 시간 동안 이집트, 이스라엘, 요르단 3개국을 정신없이 돌며 주마간산(走馬看山) 식으로 훑어가는 기존의 성지순례와 달리, 일주일 동안 이스라엘 한 나라에만 집중하는 코스를 만드는 것이었다.

이집트나 요르단도 성지이지만, 이스라엘은 그 나라들과는 비교도 할 수 없는 성지이다. 이것은 이스라엘이 더 거룩한 땅이라는 뜻이 아니다. 성경 스토리의 90퍼센트 이상이 이스라엘 땅에서 일어났다는 의미에서 말하는 것이다. 그런 점에서 이스라엘을 요르단, 이집트와 한데 묶어서 돌게 되면 이스라엘 땅만이 줄 수 있는 무한한 콘텐츠를 제대로 이끌어낼 수 없게 된다.

나는 성경 속 드라마 중 대부분의 사건이 펼쳐진 '세팅장'이자 '공간적 배경'인 이스라엘을 소개하기 위해 일주일 동안 이스라엘 한 나라에 집중된 코스를 만들었다. 이렇게 해서 탄생한 것이 바로 〈열린다 성경 - 스터디 투어〉이다. 매일 새벽 5시 반부터 7시까지 성경을 공부하고 아침 8시부터 오후 5시에는 공부한 현장을 답사하는, 그야말로 성지 이스라엘 현장에서 하는 신개념의 바이블 스터디 코스다.

혹 새벽 5시 반부터 성경공부를 한다고 하면 고개부터 절레절레 흔들지 모르지만, 시차 때문에 한국에서는 이미 낮 12시가 넘은 시간이다. 어차피 시차 때문에 일찍 깨어 호텔에서 어영부영 시간을 보내게 될 텐데 그것보다는 머리가 가장 맑고 집중도가 높은 그 시간에 함께 모여 찬양하고 성경을 공부하는 것이다. 그렇게 아침마다 1시간 30분씩 7번 성경공부를 하면 놀랍게도 구약성경 전체를 한 편의 드라마로 끝낼 수 있게 된다.

아울러 예수님이 시험받으신 유대 광야를 걷는 광야 워킹 투어와 엘리야처럼 광야의 로뎀나무 아래 기도 체험 등 성경 드라마의 현장 속으로 들어가도록 돕는 다양한 현장 체험까지 있다. 바로 '역사 드라마처럼 신나고 박진감 넘치게 읽는 구약성경'이다. 이 코스는 한마디로 '드라마는 2,3번만 봐도 드라마를 보지 않은 사람에게 스토리텔링을 해줄 수 있는데, 왜 성경은 100번을 읽어도 101번째 읽을 때 다시 새롭기만 한 것일까?' 하는 질문에서 시작되었다 해도 과언이 아니다.

사실 나도 성경에 파묻혀 지낸 많은 세월에 비해 읽으면 읽을수록 참으로 어렵게만 느껴지는 책이 바로 성경이었다. 아무리 읽어도 각각의 스토리가 전혀 연결되지 않는 파편적인 지식으로 남아 있었기 때문이다.

그러던 어느 날 성경이 한 편의 흥미진진한 드라마로 꿰어지게 된 데는 특별한 계기가 있다. 부흥 코드에 심취해 골방에서 열심히 기도하던 해 여름이었다. 나는 한국에서 오는 이스라엘 선교팀의 비전트립을 얼떨결에 섬기게 되었다. 사실 이 팀을 원래 섬기기로 했던 목사님이 있었는데 급히 독일에 가시면서 내가 맡게 된 것이다.

이스라엘에 온 지 몇 년 되었지만 그때까지 나는 이스라엘에서의 비전트립 전체 코스를 섬겨본 적이 없었다. 나는 기도하면서 이 팀을 어떻게 하면 잘 섬길 수 있을까 연구했고, 그때 하나님이 주신 마음이 이스라엘 현장에서 하는 바이블 스터디 콘셉트의 비전트립이었다. 나는 이것이야말로 내가 가장 잘할 수 있는 프로그램이라 생각했고, 4주간 골방에서의 기도 체험으로 하나님께서 특별한 은혜를 부어주시리라 확신했다.

비전트립 팀이 오기까지 나는 곧바로 3개월간의 연구에 들어갔다. 성경과 함께 성경 전체의 스토리를 역사로 풀어낸 존 브라이트의 《이스라엘 역사》와 성경 전체의 스토리를 지도로 풀어낸 요하난 아하로니의 《아가페 성서지도》를 보면서 집중적으로 공부했다. 이때 하나님께서 놀라운 은혜를 부어주셨는데, 바로 성경 전체가 하나의 역사 드라마로 꿰어지기 시작한 것이다.

이렇게 해서 나오게 된 것이 어렵게만 느껴지는 구약성경을 드라마처럼 신나게 읽을 수 있도록 엔진을 장착해주는 〈열린다 성경 - 스터디 투어〉이다. 이 코스는 2009년 8월 안광복 목사님이 담당하시던 대전 온누리교회를 시작으로 지금까지 꾸준히 이어지고 있다. 이 코스를 마친 많은 분들이 아침마다 했던 그 공부를 책으로 엮어달라고 요청했고, 그러면서 《역사 드라마로 읽는 성경》 시리즈가 나오게 되었다.

여호와 이레의
하나님

〈열린다 성경 - 스터디 투어〉는 요즘 한국에서 유행하는 성경통독 코스로 포장되어 있지만, 사실 그 핵심은 이스라엘 선교사로서의 정체성을 가지고 이스라엘의 선교적 상황을 효과적으로 알리기 위해 기획되었다. 이 코스에는 홀로코스트 역사박물관을 돌며 유대교와 기독교 간에 있었던 반목과 아픔의 역사를 주제로 1시간 30분 정도 공부하는 시간도 있다.

이 코스를 마치고 간 분들은 하나같이 그 시간에 하나님께서 부어주시는 은혜가 크다고 얘기하곤 했다. 이전에 전혀 느껴보지 못했던 장자 백성 이스라엘을 향하신 하나님 아버지의 마음이 깨달아지면서 숙소로 돌아간 그날 밤을 눈물로 꼬박 지새우는 분들도 종종 있었다.

또한 나는 이 코스를 통해 놀라운 기적을 경험하게 되었다. 이 코스에서 깊은 은혜를 체험하신 어느 권사님이 〈이스라엘투데이〉가 안고 있던 빚을 일시에 갚아주신 것이다. 할렐루야!

하나님은 《열린다 성경》이 한 권 한 권 출간되면서 매달 인세를 받게 하셨다. 그런데 참으로 놀라운 것은 인세가 발생하게 된 시점이다. 박사 과정에 들어가면서 나는 4년 동안 매달 200퍼센트의 연구비를 받았지만, 인세 수입이 발생한 것은 4년간의 연구비가 거의 종료될 시점이었던 것이다. 하나님은 우리 가정의 진정한 '여호와 이레'이셨다.

재정이 바닥난 것을 계기로 죽기 아니면 까무러치기로 기도하게 하신 하나님은 결국 "죽으면 죽으리라"는 믿음으로 순종했을 때 놀라운 방법으로 재정을 채워주셨다. 때론 남들보다 월등히 많은 연구비로, 또 때론 책을 통한 인세 수입으로, 그 시점과 방법까지 하나님은 늘 우리의 상상을 초월하여 일하셨다. 우리 가정의 재정 문제가 이렇게 해결되리라곤 도무지 상상하지 못한 일이었다. 나와 아내는 하나님이 주신 축복과 은혜를 나누며 참으로 기이한 방법으로 일하시는 하나님을 찬양했다.

그뿐만이 아니다. 우리 가정은 이스라엘에 11년간 장기 체류를 하면서 한 번도 비자 문제로 어려움을 당한 적이 없다. 이스라엘은 외국인에게 비자 연장을 까다롭게 하기로 유명하다. 영토는 좁은데 해외에서 귀환해야 할 유대인 디아스포라는 아직도 너무 많기 때문이다.

학생 신분이라면 대개 별 어려움 없이 비자를 주지만 그것도 제한이 있다. 7,8년 정도 지나면 아무리 학생이라도 비자 연장에 제동이 걸린다. 우리 가정 역시 8년째가 되자 더 이상 학생으로 비자를 받는 것이 어려워졌다. 그때 하나님은 〈이스라엘투데이〉 사역을 통해 비자를 연장할 수 있는 새로운 길을 열어주셨다. 이 잡지의 발행인인 아비엘을 통해 학생 비자에서 저널리스트 비자로 카테고리를 변경해주신 것이다. 할렐루야!

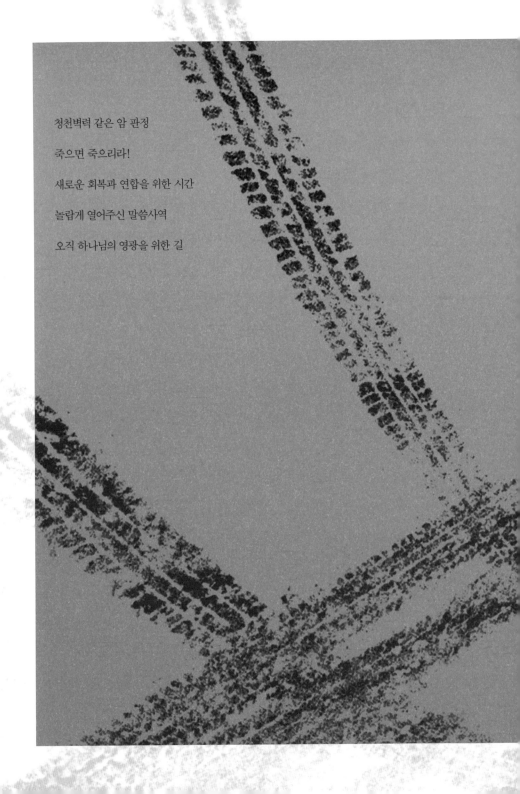

청천벽력 같은 암 판정

죽으면 죽으리라!

새로운 회복과 연합을 위한 시간

놀랍게 열어주신 말씀사역

오직 하나님의 영광을 위한 길

더 높은 부르심으로
나아가다

청천벽력 같은
암 판정

2010년 7월, 나는 아내와 두 아이를 데리고 한국을 방문했다. 그동안 나는 세미나 인도차 한국을 자주 방문했지만, 아내와 두 아이에게는 실로 5년 만의 방문이었다.

아내는 이번 기회에 가슴에 있는 양성 종양을 제거하기 위해 선교사 지정 병원인 세브란스 병원을 찾았다. 양성에서 악성으로 변하지 않았는지 여부를 체크하기 위해 이스라엘에서 6개월에 한 번씩 하던 초음파 정기 검진이 번거롭기도 했지만, 비용도 너무 비싸서 이번 기회에 아예 깨끗하게 제거하는 것이 좋겠다고 생각했기 때문이다.

그런데 별 생각 없이 찾아간 병원에서 우리는 청천벽력과도 같은 소식을 듣게 되었다. 양성 종양 제거를 위해 정밀 검사를 하던 중 멀쩡하던 반대쪽 가슴에서 악성 종양이 발견되었기 때문이다. 의사는 아직 초기임을 강조하며 우리 부부를 안심시켰지만, '암'이라는 진단 결과는 우리를 공포에 빠뜨리기에 충분했다.

서너 가정당 한 명이 암 환자일 정도로 암이 흔해진 세상에 산다지만, 아무리 그래도 내 아내가 암이라니! 나는 이 사실이 도저히 믿기지 않았다. 아내도 옆에서 할 말을 잃은 채 하염없이 눈물만 흘렸다.

이스라엘에서 보낸 11년의 시간들이 주마등처럼 스쳐갔다. 11년간 사역하고 5년 만에 한국을 방문한 것인데, 그 기쁨을 만끽할 새도 없이 이런 소식을 듣게 되다니…. 우리는 슬펐다. 아니, 잔인하게 느껴졌다.

그동안 참으로 많은 하나님의 은혜를 경험했다. 그렇지만 이때 떠오른 생각은 단 하나였다.

'지금까지 받은 은혜를 다 거두어 가셔도 좋으니, 제발 아내만은 고쳐주세요!'

나는 하염없이 우는 아내를 위로하며 애써 눈물을 참았다. 그러나 이재훈 목사님께 전화를 한 순간, 끝내 참았던 눈물이 북받쳐 나왔다. 목사님은 안타까워하며 조심스럽게 이제 한국으로 돌아오면 어떻겠느냐고 말씀하셨다.

그날 저녁, 3일간의 청소년 수련회를 마친 아들 찬영이를 데리러 용인의 명지대학교 기숙사에 갔다가 이재훈 목사님 부부를 만났다. 아내는 사모님의 품에 안겨 한참을 흐느끼며 울었다.

"이제 어떻게 해야 하죠? 어떻게 하는 것이 하나님의 뜻이죠?"

나는 하나님의 뜻을 묻고 또 물었다. 원래 한 달 일정으로 한국에 나온 것이기에 아내는 하루빨리 수술을 받고 다시 이스라엘로 돌아가고자 했다. 하지만 나는 하나님이 우리 가정에게 '강제 안식년'을 시키기 원하신다는 생각이 들었다. 이스라엘에서 사역하는 11년의 시간 동안 안식년도 없이 앞만 보고 달려왔는데, 하나님께서 이번 기회에 우리 가정에게 강제로 쉼을 주시려는 것 같았다.

더욱이 이 모든 것보다 더 중요한 것이 있었다. 내게는 엄청난 사역보다 아내의 건강 회복이 더 시급하고 훨씬 소중했다. 만약 아내의 질병이 아니었다면 우리 가정은 이스라엘을 떠난다는 생각을 해보지도 않았을 것이다. 나는 아내를 설득했고 아내도 내 뜻에 따랐다. 우리는 한 달 후 이스라엘에 가서 짐을 정리했다.

초등학교 5학년을 마친 딸 현지는 한국에 데려가기로 결정했지만, 중학교 3학년인 아들 찬영이는 도저히 한국 학교에 적응하기가 쉽지 않을 것 같아 독일에 있는 MK(선교사 자녀) 기숙학교에 데려다 놓고 하루 만에 돌아왔다. 그리고 다시 한국행 비행기에 몸을 실었다. 모든 것이 전광석화처럼 내려진 결정이었다.

11년간 헌신했던 사명의 땅 이스라엘을 떠나기 위해 짐을 싸면서 나는 이 땅에서 보내는 우리의 삶이 진실로 '순례자'의 삶임을 고백했다. 하나님이 가라고 하시면 가고, 멈추라 하시면 멈추고, 또 쉬라 하시면 쉬고, 그렇게 하나님의 인도하심을 받는 순례자의 삶이 우리의 인생이다. 그리고 이 땅에서 순례의 삶을 마치고 나면 우리에게는 영원한 안식이 있는 천국이 기다리고 있을 것이다.

한국으로 돌아온 우리 부부 앞에는 또 다른 중요한 결정이 남아 있었다. 유방암 수술 문제였다. 병원에서는 초기니까 빨리 수술하자고 했고 당장 수술하지 않으면 큰일 난다며 협박 아닌 협박을 계속했다. 하지만 우리 부부의 생각은 조금 달랐다. 불신자 같으면 아무 고민 없이 수술하고 말 문제겠지만, 우리는 그리스도인들이 당하는 고난에는 분명 하나님의 뜻이 있음을 믿었기 때문이다.

아내는 유방암 수술 문제를 놓고 하나님의 뜻을 구하기 위해 금식기도원에 들어갔다. 결국 우리 부부는 수술을 잠시 미루고 최대한 공기 좋은 곳에 집을 구해 요양을 하며 하나님께 매달리기로 했다. 그리고 3개월마다 검진을 하면서 조금이라도 악화되는 기미가 있으면 그때 가서 지체하지 않고 수술대에 오르기로 했다.

한국에 데리고 온 딸 현지는 유럽 코스타 집회에서 알게 된 김요셉 목사님의 배려로 수원 중앙기독초등학교에 입학할 수 있었다. 성격이 무척 활발한 현지는 친구도 금세 사귀면서 생후 10개월에 부모의 품에 안겨 멋모르고 떠난 고국생활에 정말 잘 적응해주었다. 특히 감사했던 것은 암 진단을 받고 아무 경황도 없이 독일에 훌쩍 떼어놓고 온 아들 찬영이가 갑작스런 환경 변화에도 전혀 아랑곳하지 않고 믿음직스럽게 잘 자라주었다는 것이다.

나는 아내와 새벽기도를 하고 아침저녁 하루 두 번씩 아파트 단지 내 운동 코스를 돌며 운동을 했다. 식사는 철저하게 암 환자를 위한 특수 식단으로 바꾸었다. 그렇게 1년 반의 시간을 보내고 보니 우리 부부는 하나님과도 가까워지고 무엇보다 부부 사이가 더욱 친밀해지는 것을 느꼈다. 아무래도 암이라는 질병을 안고 함께 기도하다보니 기도가 더 간절해질 수밖에 없었고, 더 친밀한 하나님의 은혜를 경험했던 것 같다.

죽으면
죽으리라!

한참 아내의 암 투병을 위해 매진하고 있을 때 전혀 예기치 않은 시험이 우리 가정을 덮쳤다. 하루는 아내와 함께 새벽기도에 가기 위해 일어나려고 하는데 도저히 일어날 수가 없었다. 간신히 일어나기는 했지만 천장부터 시작해서 지구 전체가 빙빙 도는 것 같은 극심한 현기증을 느꼈다.

나는 벽을 잡고 한참을 서 있다가 아내에게 먼저 가서 기도하라고 하고, 나는 좀 있다 가겠다고 말했다. 그런데 아내가 나간 후 상황은 더 심각해졌다. 갑자기 극심한 헛구역질이 나면서 두개골이 터질 것 같은 격렬한 두통이 찾아왔다. 그 순간 나는 거실 바닥에 쓰러졌다.

그리고 그 후는 전혀 기억나지 않았다.

　새벽 기도를 마치고 돌아온 아내는 바닥에 쓰러져 있는 나를 보고 깜짝 놀라 흔들어 깨웠다. 정신이 돌아왔지만 이미 몸의 절반이 마비 증세가 와서 내 몸이 내 몸 같지가 않았다. 나는 자꾸 한쪽으로 몸이 쓰러졌고 아내의 부축을 받으며 간신히 택시를 타고 병원 응급실에 갔다.

　병원에서 24시간 꼬박 검사를 했다. 소변 검사, 혈액 검사 등 각종 검사를 거쳐 최종적으로 CT와 MRI를 찍었다. 그리고 마침내 뇌출혈 진단을 받았다.

'뇌출혈? 40대 한창인 나이에 뇌출혈이라니!'

　증세로 보아 어느 정도 예상은 했지만, 도저히 믿기지 않았다. 가뜩이나 힘겹게 암 투병을 하던 아내는 남편의 뇌출혈 진단 결과를 듣고 정신을 차리지 못했다. 나는 정밀 검사를 위해 입원 절차를 밟았다.

　아내는 내게 위로와 힘을 주기 위해 내 손을 꼭 붙잡으며 애써 웃으며 말했다.

"남편, 괜찮을 거야. 힘내! 파이팅!"

그러나 곧 닭똥 같은 눈물을 뚝뚝 떨어뜨리며 흐느껴 울었다.

나는 속으로 생각했다.

'이게 도대체 뭐야, 위로를 하려면 제대로 해야지!'

웃음이 마구 터져 나왔다. 나는 오히려 우는 아내를 위로하며 별일 없을 테니 염려하지 말라고 했다.

뇌출혈 진단을 받았지만 나는 믿기지 않을 만큼 평안했다. 아내가 유방암 진단을 받았을 때는 하늘이 무너져 내리는 것 같았는데, 참으로 신기했다. 나는 이것이 곧 이스라엘 골방에서 씨름하며 기도할 때 하나님이 주신 은혜의 선물 때문임을 알았다.

"죽으면 죽으리라!"

어차피 한 번뿐인 인생인데, 또 우리의 목숨은 그분 손에 달렸는데…. 할렐루야!

오히려 나는 아내와 두 아이가 걱정이었다. 아내의 암 수술을 미뤄둔 터라 당장 수술을 해야 하는 것이 아닐까 하는 생각이 들었다. 혹시라도 나와 아내가 모두 잘못되기라도 하면 아이들이 천애의 고아가 되기 때문이었다. 결과적으로 아내는 수술을 훨씬 뒤로 미루었지만, 이때 나의 유일한 기도제목은 그것뿐이었다.

정밀 검사 결과 선천적인 뇌혈관 기형으로 인한 뇌출혈로 판명되었다. 담당 의사는 그동안 같은 부위에서 여러 차례 반복적인 출혈이 있었고, 이번에는 그 출혈이 좀 심했던 것이라고 했다. 다행히 출혈은 멎었다. 하지만 언제 다시 반복될지 모르니 절대 과로를 삼가고 술 담배를 피하라고 했다. 술 담배야 문제가 아니지만 과로를 피하라는 주의는 어떻게 따라야 할지 솔직히 자신이 없었다.

그 후 나는 2년에 한 번씩 MRI를 찍으며 출혈 상황을 체크하고 있다. 사실 나의 질병 상황은 겁을 먹자면 한없이 겁을 먹고 두려움에 사로잡힐 만한 상황이었다. 하지만 그동안의 믿음 훈련 탓인지 나는 내 질병으로 인한 두려움을 전혀 느끼지 않았다.

여러 계시를 받은 것이 지극히 크므로 너무 자만하지 않게 하시려고 내 육체에 가시 곧 사탄의 사자를 주셨으니 이는 나를 쳐서 너무 자만하지 않게 하려 하심이라 고후 12:7

그러므로 내가 그리스도를 위하여 약한 것들과 능욕과 궁핍과 박해와 곤고를 기뻐하노니 이는 내가 약한 그때에 강함이라 고후 12:10

오히려 하나님은 '내게도 바울처럼 육신의 가시를 주셨구나!' 하는 마음을 주셨고, 이 가시로 인해 바울이 늘 연약함 가운데서도 강하게 하시는 하나님을 찬양했던 것처럼, 나도 이 육신의 가시를 기억하고 하나님 앞에서 늘 겸손하게 내게 맡겨주신 사명의 길을 완주해야겠다고 다짐했다.

새로운 회복과
연합을 위한 시간

아내는 유방암 진단을 받은 후 1년 반 동안 수술을 미루고 기도와 함께 운동과 식사 요법만으로 투병을 계속했다. 그렇게 1년 반의 시간을 끌다가 아내가 주저 없이 수술하게 된 것은, 3개월에 한 번씩 해오던 정기검진에서 암의 부위가 조금 확장되는 소견이 보인다는 결과가 나왔기 때문이다. 우리는 이것을 "즉시 수술대에 오르라"는 하나님의 음성으로 받아들였다.

아내는 검사 결과를 들은 다음 날 아침 7시에 제일 먼저 수술대에 올랐다. 수술은, 자신도 암 투병을 하시면서 암 환자를 수술하는 것으로 유명한 유방암 명의(名醫) 이희대 교수님이 맡아주셨다. 세브란

스병원의 이철 원장님도 수술을 집도하는 이희대 교수님께 직접 전화를 걸어주셨다.

수술을 받을 당시 아내의 몸 상태는 무척 양호했다. 하루 두 번씩 해오던 규칙적인 운동과 암 환자를 위한 특수 식단을 철저하게 지킨 결과 유방암 환자에게 중요한 척도인 콜레스테롤 수치, 그리고 면역력의 척도인 백혈구 수치가 모두 양호했다. 무엇보다 하나님과의 친밀한 교제가 쌓여 암 진단으로 받은 초기의 심리적 충격이 많이 사라진 상태였다.

암 덩어리가 몸 안에 있음을 알고도 수술을 미루었던 지난 1년 반의 시간은 마치 언제 터질지 모르는 시한폭탄을 몸에 지니고 있는 것과도 같았다. 하지만 그로 인해 우리 부부는 절실했고 하나님을 필사적으로 붙잡지 않을 수 없었다.

1년 반 동안 우리 부부는 많은 시간을 함께했다. 함께 기도하고 함께 운동하고 함께 쇼핑을 했다. 이스라엘에서 몸은 늘 아내와 함께였지만 정신적으로는 아내를 많이 외롭게 했던 게 사실이다. 아내는 풍기는 외모와 달리 억척스러운 면이 많다. 이스라엘에서도 웬만한 장정 두세 사람이 할 일을 혼자서 후닥닥 해치우곤 했다. 이스라엘에 사는 한인들은 부부가 함께 장을 보러 재래시장에 오는 경우가 많다. 그런데 가만히 눈을 감고 돌아보니 11년 동안 이스라엘에 살면서 내가 아내와 함께 장을 본 것은 부끄럽지만 손에 꼽을 정도다.

처음 아내가 암 진단을 받았을 때 내가 가장 미안해했던 것도 바로 그 부분이었다. 그래서 나는 이제부터라도 아내와 함께 장을 보고 장바구니도 들어주고 카트도 끌어주어야겠다고 마음먹었다. 매일 아침저녁으로 아파트 단지 내 산책 코스를 함께 걷는 것도 우리 부부에게는 특별한 힐링의 시간이 되었다. 그 시간은 우리 부부에게 새로운 회복과 연합을 선사한 은혜의 시간이었다. 내게는 세상에서 가장 아름다운 이름인 아내를 마음속에 아로새길 수 있는 시간이기도 했다.

감사하게도 수술은 하나님의 은혜로 잘 마쳤다. 이후로 5년간의 약물 치료와 6개월에 한 번씩 하는 정기검진이 기다리고 있었다.

놀랍게 열어주신
말씀사역

아내의 암 투병으로 한국에서의 체류 기간
이 길어지면서 나는 이후의 사역 방향을 놓고 기도했다.

'아내가 나으면 다시 이스라엘로 갈까? 아니면 한국에서 사역을 할
까?'

솔직히 11년이나 사역했던 이스라엘을 떠나는 것은 우리 부부에
게 그리 쉬운 결정이 아니었다. 우리 부부는 이 문제를 놓고 가장 많
은 대화를 나누었다. 이스라엘에서 하나님의 인도하심을 하나하나

반추하기도 했고, 새로운 사역의 길을 놓고 허심탄회하게 이야기하며 앞으로의 날들에 대한 계획을 세우기도 했다.

《열린다 성경》 시리즈가 출간된 이후 나는 1년의 절반만 이스라엘에 체류하고 나머지 절반은 해외로 다니며 강의를 했다. 결국 이것은 앞으로 해야 할 사역의 방향과 큰 틀은 변하지 않은 상태에서 머물 처소를 한국에 두느냐 아니면 이스라엘에 두느냐의 차이일 뿐이었다.

나는 아내에게 한국에서의 사역을 조심스레 제안하며 하나님께서 새롭게 주신 사역의 방향과 비전들을 나누었다. 이미 다양한 모임과 여러 교회에서 '성경'과 '이스라엘'에 대한 강의 요청이 들어왔고, 이 또한 감추어진 선교지 이스라엘을 알리는 데 매우 중요한 사역이었다.

아내는 내 뜻에 흔쾌히 따라주었다. 우리는 한국에서의 사역을 확정지으며 하나님께 이렇게 기도드렸다.

"하나님, 지난 11년간 이스라엘에서의 삶을 통해 우리와 늘 함께하셨던 것처럼 한국에서도 우리의 걸음을 인도하소서. 비록 몸은 한국에 있지만 마음만큼은 이스라엘을 떠나지 않게 하소서. 늘 이스라엘 선교사의 심장과 정체성을 가지고 이스라엘의 회복을 알리는 파수꾼으로 우리 가정을 귀하게 사용하여주소서!"

한국에 장기간 체류하게 되면서 이곳저곳에서 강의 요청이 들어왔다. 횃불회(기독교선교횃불재단)와 연결되어 매주 월요일에는 전국을 다니며 지역 목회자들을 대상으로 강의를 했고, 그 밖에 교회의 성경 대학 프로그램, 두란노 바이블칼리지 등에서도 강의했다.

그렇게 전국을 누비며 강의를 할 때였다. 하나님은 어느 날 내게 이런 마음을 강하게 부어주셨다.

'괜히 이곳저곳 다니며 보따리 장사처럼 강의하지 말고 제대로 된 기관을 만들어서 성경을 체계적으로 가르치면 어떻겠니?'

나는 하나님이 주신 이 마음을 따라 기획을 했고, 2013년 가을 〈열린다 성경 아카데미〉를 열게 되었다. 그동안 출간된 20여 권의 책들과 또 앞으로 집필하려는 책들을 교재 삼아 성경을 체계적으로 가르치는 아카데미를 만들기로 한 것이다. 그리고 이 아카데미를 통해 한국 교회 목회자 분들과 평신도 사역자들을 섬기는 데 내 인생의 후반전을 드리겠다고 뜻을 정했다.

그러자 갑자기 심장 박동이 빨라지기 시작했다.

'결국 이거였구나!'

나는 그제야 학창 시절 UBF에서 받았던 8년간의 혹독한 말씀 훈련 그리고 11년간 이스라엘에서 사역하며 하나님께서 놀랍게 열어주신 말씀의 지혜들이 〈열린다 성경 아카데미〉를 통한 말씀사역에서 다 이내믹하게 만난다는 것을 깨달았다.

나는 이스라엘 선교사로서 〈열린다 성경 아카데미〉가 추구하는 궁극적인 목표를 단순한 성경공부를 넘어서 이스라엘 선교와 회복의 중요성을 알리는 파수꾼의 사역으로 정했다. 나는 이 비전을 이재훈 목사님과 나누었고, 목사님 역시 온 마음으로 축복해주시며 온누리교회 안에 강의 장소를 마련해주시는 한편 친히 아카데미 고문도 맡아주시고 추천서도 써주셨다.

"4,5년의 짧은 시간 동안 무려 20여 권의 책을 쏟아낸 류 선교사님의 열정이 이제 〈열린다 성경 아카데미〉라는 무대를 통해 마음껏 발산될 것입니다. 〈열린다 성경 아카데미〉는 이스라엘 현지에서 사역하며 공부한 류 선교사님의 탁월한 현장성, 선교 완성에 대한 뜨거운 사명감 그리고 성경을 사랑하는 마음이 그분만의 매력적인 유머감각과 한데 어우러져 말씀에 갈급한 한국 교회 목회자와 성도 분들을 꿀과 같은 말씀의 세계로 인도할 것입니다. 〈열린다 성경 아카데미〉를 통해 광야의 생수와 같은 말씀의 은혜를 마음껏 누리십시오."

〈온누리신문〉에서는 매주 '열린다 성경'이라는 독자적인 칼럼 란을 만들어 아카데미 홍보를 도와주었고, 〈CGN TV〉에서는 아카데미와의 업무 협약식을 제안하며 아카데미에서 다루는 세미나를 방송 콘텐츠로 만들어 적극 홍보해주겠다고 했다. 모든 것이 일사천리로 진행되는 것을 보며 나는 하나님께서 이 사역을 기뻐하신다고 확신했다.

나는 이 사역에 함께할 동역자들을 찾았다. 18년간 이스라엘에서 사역하며 성서고고학을 전공한 고다윗 선교사가 〈성서지리&고고학〉 과목을 맡아주기로 했고, 20년 가까이 신학교에서 가르치시던 김윤희 교수님도 아카데미에서 신학 부문을 총괄로 섬겨주시겠다고 했다. 다른 과목들은 그간 출간된 책들을 가지고 내가 직접 강의하기로 했다.

〈열린다 성경 아카데미〉의 기본적인 틀은 한국에서 공부하는 '정규강좌'와 성지에서 공부하는 '현장학습'의 두 영역으로 나누어 현장감과 생동감 있는 아카데미로 만들었다. 한국에서 공부하는 정규강좌에는 구약심화과정, 신약심화과정, 성막성전절기, 성서히브리어, 성서지리&고고학, 구약신학관통, 신약신학관통 등 10여 개의 과목을 만들었다. 성지에서 공부하는 '현장학습'에는 그동안 해오던 이스라엘 구약성경 투어를 확장하여 터키-그리스 신약성경 투어, 이탈리아-크로아티아 신약배경사 투어, 유럽5개국 종교개혁사 투어, 스페인-포르투갈 종교문명사 투어를 신설했다.

〈열린다 성경 아카데미〉를 통한 사역의 그림이 어느 정도 윤곽을 드러내자 나는 마침내 신학을 공부할 시기가 이르렀음을 느꼈다. 하나님은 그동안 내 마음 가운데 두 차례나 신학을 하고자 하는 강렬한 소원을 주신 적이 있다. 한 번은 한의대를 졸업하고 UBF에서 나온 직후였고, 또 한 번은 이스라엘 선교사로 나갈 때 신학 공부를 하고 가는 것을 놓고 기도할 때였다. 하지만 그때마다 신학 공부의 길은 열리지 않았다.

사실 나는 '남들 다 하는 신학 공부의 길을 왜 내게는 열어주시지 않지?' 하는 하나님에 대해 불평하는 마음이 마음 한쪽에 항상 있었다. 그런데 이제 본격적으로 말씀사역을 준비하는 가운데 하나님이 공부의 길을 열어주신 것이다! 나는 신학을 공부하게 된다는 사실에 마냥 기뻐서 흥분해 있었다. 그때 하나님은 내 인생 최적의 때에 신학을 공부하게 하신 것이라는 깨달음을 주셨다.

정말 그랬다. 그때 나는 신학 공부를 하기에 아주 좋은 때였다. 신학교는 성경이 아니라 신학을 가르치는 곳이다. 하나님은 그동안 혼자서 부단히 해온 성경공부와 연구를 통해 수십 권의 책들을 쓰게 하셨고, 드디어 신학 수업을 통해 이 모든 것을 신학적으로 꿸 수 있는 소중한 기회를 주셨다. 성경적 지식이 부족한데 다양한 신학적 지식을 쌓는다면 자칫 신앙생활에 해가 되는 경우가 있기 때문이다.

아내의 상태도 수술 이후 안정을 찾았기에 나는 횃불트리니티신학교 일반신학석사(MTS) 과정에 입학하여 2013년 12월에 졸업했다.

오직 하나님의
영광을 위한 길

많은 사람들이 이스라엘로 성지순례를 오지만, 어떤 사람은 이스라엘에 와서 볼 것이 없다며 투덜대기도 하고 또 어떤 사람은 예수님이 살아 숨 쉬는 것 같다며 좋아하기도 한다. 사실 '볼 것'으로 따지면 이스라엘은 분명히 별로 볼거리가 없는 나라다. 구경거리를 찾고자 한다면 에펠탑이 있는 파리로, 대영박물관이 있는 런던으로, 자유의 여신상이 있는 뉴욕으로 가는 게 마땅하다.

이스라엘, 특히 예루살렘은 우리나라의 1980년대를 연상시킬 정도로 무척 촌스럽고 개발이 덜된, 또 예상외로 지저분한 도시다. 하지만 이런 예루살렘이 전 세계 크리스천들을 끌어들이는 매력은 겉으로 드러난 볼거리가 아니라 그 속에 내재된 '영적인 흡인력' 때문이다. 이스라엘은 눈으로 보는 나라가 아니라 가슴으로 느끼는 나라다.

하나님은 이방인의 충만한 수가 들어오기까지 이스라엘의 더러를 완악하게 하셨지만(롬 11:25) 이제 이방인의 때가 차면서 택한 백성 이스라엘의 구원과 회복의 역사를 친히 이루고 계신다. 1세기 이후 유리방황하던 유대인들이 이루어낸 1948년 이스라엘의 건국, 그 주변을 둘러싼 강대국 아랍국가 연합군과 벌인 4차에 걸친 중동전쟁의 승리는 실로 성경의 예언과 하나님의 역사가 아니고서는 설명할 수 없는 하나님의 기적이다. 하나님은 에스골 골짜기의 마른 뼈와 같던 이스라엘에 힘줄과 살과 가죽을 입히셨고(육적인 회복) 이제 사방에서 생기를 불어넣어 생명을 살리는 역사를 이루고 계신다(영적인 회복).

원래 돌감람나무였던 이방인 교회는 단지 믿음으로 참감람나무인 이스라엘에 접붙임 받아 그 진액을 함께 공급받는 은혜를 받았다. 원가지들인 이스라엘의 일부가 믿음으로 화합하지 못해 꺾이고 대신 이방 교회가 그곳에 접붙임 받았다고 해서 원가지들을 향해 자랑할 수는 없다.

또한 가지 얼마가 꺾이었는데 돌감람나무인 네가 그들 중에 접붙임이 되어 참감람나무 뿌리의 진액을 함께 받는 자가 되었은즉 그 가지들을 향하여 자랑하지 말라 자랑할지라도 네가 뿌리를 보전하는 것이

아니요 뿌리가 너를 보전하는 것이니라 롬 11:17,18

하나님은 장자 백성 이스라엘을 한순간도 잊으신 적이 없다. 하나님은 지금도 이런 하나님의 마음을 알고 이스라엘 민족의 회개와 그 땅의 회복을 위해 기도의 자리로 나아가는 신실한 그리스도인을 찾고 계신다. 그리고 그 땅의 평화와 회복을 위해 기도하는 자에게 분명한 약속의 말씀을 주신다.

예루살렘을 위하여 평안을 구하라 예루살렘을 사랑하는 자는 형통하리로다 네 성 안에는 평안이 있고 네 궁중에는 형통함이 있을지어다
시 122:6,7

한때 내 직업은 한의사였다. 그러나 성경을 통해 예수님을 알게 되고 내 삶을 모두 주님께 바치겠다는 결단을 하면서 복음전도자가 되었다. 또 지난 11년간 나는 이스라엘 선교사로서 척박한 선교지 이스라엘을 살아내며 그곳에 복음의 씨앗을 뿌렸다. 하나님이 내게 주신 '이스라엘의 DNA'는 문서사역과 성경 강의와 저술 활동 모두 이스라엘 선교사라는 정체성을 가진 자로서 오직 이스라엘의 회복을 위해 하게 하셨다. 이제 하나님은 하나님의 말씀을 맡아 유대적 관점과 배경에서 성경을 해석해주는 마지막 시대의 성경교사로 또다시 나를 부

르고 계신다.

지난 6월 초에는 아내와 함께 독일에 있는 아들 찬영이의 고등학교 졸업식에 다녀왔다. 아내의 암 진단으로 이스라엘에서의 삶을 서둘러 정리하고 한국으로 돌아올 때 찬영이는 독일 학교에 9학년으로 입학했다. 사춘기에 접어든 아들을 그곳에 혼자 두고 오려니 마음이 무겁고 발걸음이 떨어지지 않았는데, 엄마의 질병과 갑작스런 환경 변화에도 불구하고 찬영이는 믿음직스럽게 자라주었고 어느새 고등학교 졸업을 맞이하게 된 것이다. 찬영이는 졸업식 특별 순서에서 피아노 독주로 열화와 같은 박수갈채를 받았다. 수석 졸업과 졸업생 대표 연설의 영광까지 누렸다. 그런 찬영이를 보며 나는 한없이 뿌듯하고 또 감사했다. 아내 역시 두 눈에 눈물이 가득 고여 있었다.

하나님은 부르심을 좇아가는 종들의 자녀를 불꽃같은 눈동자로 지키고 돌봐주는 분이셨다. 앞으로 수학을 전공하겠다고 포부를 밝힌 찬영이에게 나는 근대 선교의 아버지인 윌리엄 캐리의 "하나님 안에서 위대한 일을 기대하라, 그리고 하나님을 위해서 위대한 일을 시도하라"라는 말로 대학 합격을 마음껏 축복해주었고 무엇을 하든지 찬영이가 가장 잘하고 또 좋아하고 더 나아가 심장이 뛰는 일을 발견하면 좋겠다고 권면해주었다. 물론 그 일은 찬영이가 하나님 안에 거할 때 하나님께서 찾을 수 있도록 도우실 것이다. 지금껏 내 인생에도 그러하셨듯이 아들 찬영이의 인생 역시 하나님께서 신실하게 인도하실 것을 믿어 의심치 않는다.

　이 모든 것은 하나님 한 분만을 위한 것이다. 오직 하나님의 영광을 위하여, 하나님 한 분 앞에서 하나님을 위해 살고자 할 때, 비록 내 계획과 기대와 다를지라도 하나님의 더 높은 부르심에 응답하는 삶이 될 것을 나는 믿는다.

　풋대를 향하여 그리스도 예수 안에서 하나님이 위에서 부르신 부름의 상을 위하여 달려가노라 빌 3:14

　그리고 사도 바울의 고백처럼 나를 부르신 부름의 상을 바라며 달려간다. 이스라엘 선교와 회복을 알리는 파수꾼의 사명을 올바로 감당하며, 이 시대에 꼭 필요한 성경교사로서 나를 통해 하나님이 하실 일을 기대하며 그 길을 끝까지 달려가려고 한다.

부르시면, 갑니다

초판 1쇄 발행　　2014년 9월 1일
초판 3쇄 발행　　2021년 7월 1일

지은이　　류모세

펴낸이　　여진구
책임편집　　안수경
편집　　이영주 기은혜 정선경 최현수 김도연 최은정 김아진 정아혜
디자인　　마영애 노지현 조아라 조은혜
기획·홍보　　김영하
마케팅　　김상순 강성민 허병용·　　　　마케팅지원　　최영배 정나영
제작　　조영석 정도봉　　　　　　　　　경영지원　　김혜경 김경희

303비전성경암송학교 유니게과정　　박정숙 최경식
이슬비전도학교 / 303비전성경암송학교 / 303비전꿈나무장학회　　여운학

펴낸곳　　규장

주소　06770 서울시 서초구 매헌로 16길 20(양재2동) 규장선교센터
전화　02)578-0003　　팩스　02)578-7332
이메일　kyujang0691@gmail.com　　　　홈페이지　www.kyujang.com
페이스북　facebook.com/kyujangbook　　인스타그램　instagram.com/kyujang_com
카카오스토리　story.kakao.com/kyujangbook
등록일　1978.8.14. 제1-22

규 | 장 | 수 | 칙

1. 기도로 기획하고 기도로 제작한다.
2. 오직 그리스도의 성품을 사모하는 독자가 원하고 필요로 하는 책만을 출판한다.
3. 한 활자 한 문장에 온 정성을 쏟는다.
4. 성실과 정확을 생명으로 삼고 일한다.
5. 긍정적이며 적극적인 신앙과 신행일치에의 안내자의 사명을 다한다.
6. 충고와 조언을 항상 감사로 경청한다.
7. 지상목표는 문서선교에 있다.

하나님을 사랑하는 자 곧 그의 뜻대로 부르심을 입은 자들에게는 모든 것이 合力하여 善을 이루느니라(롬 8:28)

Member of the
Evangelical Christian
Publishers Association

규장은 문서를 통해 복음전파와 신앙교육에 주력하는 국제적 출판사들의
협의체인 복음주의출판협회(E.C.P.A:Evangelical Christian Publishers
Association)의 출판정신에 동참하는 회원(Associate Member)입니다.